퀴어한 장례와 애도

퀴어한 장례와 애도

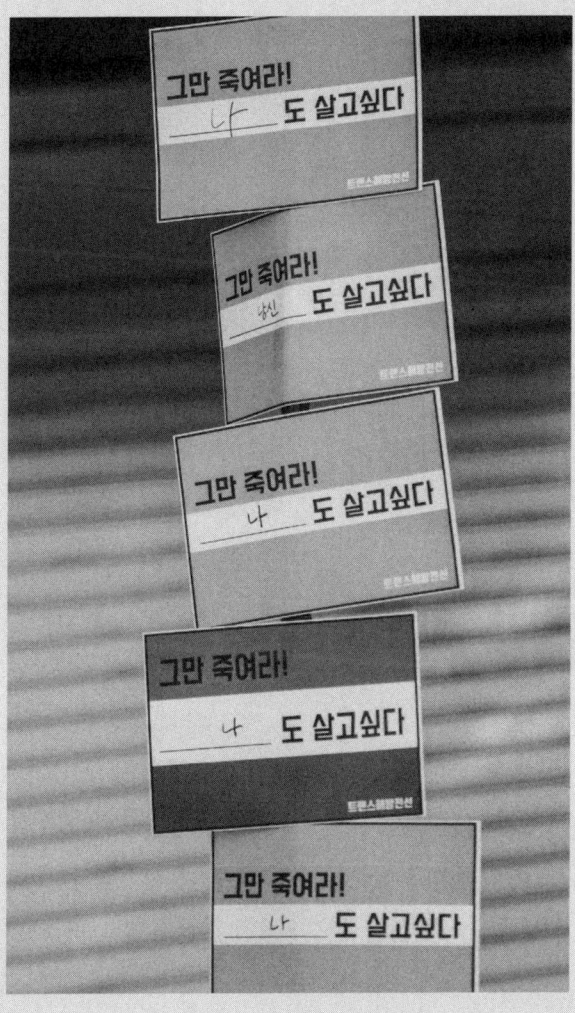

김순남 김현경 나영정 이유나 지음

왜 어떤 죽음은 애도가 불가능한가

산지니

들어가며

한국 사회에는 혈연으로 맺어진 법적 가족에게 삶과 죽음을 의존하는 법적·제도적·문화적 가치들이 작동한다. 한국은 출산-양육-돌봄-죽음의 전 과정에 있어 법적 가족에게 일차적인 권리와 책임을 부여하는 가족주의적 사회복지 시스템을 유지해 왔고, 혈연 중심의 법적 가족 안에서 삶을 유지하고 죽음을 맞이하는 일련의 생애 각본을 당연시한다. 이러한 상황에서, 누가 나와 삶을 함께할 것인지, 그리고 죽음과 장례 절차의 전 과정에서 누가 애도의 주체가 될 것인지는 개인적인 차원을 넘어서 사회적인 의제로 등장한다.

기존 법 제도와 관행상 한 사람의 죽음 이후 모든 권리가 대부분 혼인 또는 혈연으로 맺어진 가족에게 자동으로 위임되기 때문에, 죽음과 장례 절차를 둘러싼 애도의 전 과정에서 사회적 소수자는 차별을 경험한다. 또한 많은 시민이 성소수자라는 이유로, 장애가 있다는 이유로, 그리고 사회적으로 낙인찍힌 질병을 가지고 있다는 이유로 혈연가족으로부터 외면당하거나 자기결정권을 빼앗기는 등의 불평등을 겪는다.

소수자로서 예상하는 혈연가족과의 불화 가능성은 모든 제도가 법적, 혈연가족 중심으로 설계된 사회에서 당사자들의 삶 곳곳에 비극적으로 드러나기도 하며, 자신의 의사와 무관하게 장례가 혈연가족에게 일임되는, 존엄하지 않은 죽음에 대한 이야기와 만난다.

↳ 저는 그동안 사실 장애인 운동 판에서 수많은 중증 장애인들의 죽음을 많이 봐왔잖아요. 그걸 보면서 느낀 게 물론 가족들이 천차만별로 다르긴 해요. 그런데 기본적으로 원가족들이 슬퍼하지 않는다는 느낌을 받았어요. 왜 흔히들 자식의 죽음은 되게 그 부모에게 씻을 수 없는 체험이라고 이야기하는데, 근데 장애를 가진 자식이 죽었을 때는 부모나 가족들이 슬퍼하는 모습을 본 적이 없어요. 본 적이 없기 때문에 사실 저는 제 장례를 가끔 생각도 해요. 나의 가족도 이렇게 할까? 나의 가족도 아무렇지 않게 장례를 치를까? 그런 생각을 좀 많이 하고 있어서 제 장례 주관을 원가족이 안 했으면 좋겠고. 그랬으면 좋겠어요.(사회적 가족 연구 사례: 장애 여성)*

---

* 김순남·성정숙·김소형·이종걸·류민희·장서연, 「서울시 사회적 가족의 지위 보장 및 지원방안 연구」, 서울특별시의회, 2019, 87쪽.

↳ 정말 이 친구가 갑자기 무슨 일이 생겼을 때, 어쨌든 사실은 부모보다 서로를 잘 알고 가까이 아는데 둘 중에 제가 아팠을 때도 내가 죽으면 제도나 법에서 흔적도 없이 이 사람과 살았던 중요한 시간들은 다 사라지는구나. 아무것도 안 지켜주는구나. 이런 생각이 드니까…(사회적 가족 연구 사례: 동성 커플)*

존엄하게 살 권리와 존엄하게 죽을 권리를 가능하게 하는 공적인 지원 제도의 미비는 죽음과 장례의 현장에서 소수자의 차별을 공고히 하기에, 인권과 평등의 관점에서 죽음을 둘러싼 애도의 전 과정에 변화가 필요하다. 혈연가족을 넘어서 내가 의지하고 함께 살아가는 시민, 동반자, 단체에게 삶의 마지막을 동행할 수 있는 권리가 주어지는 것은, 가족의 의미가 급진적으로 변화하고 외로움과 배제의 문제가 구조적인 차별과 연결되는 우리 사회에서 시민적 유대를 생성하고 유지해 나가는 중요한 출발점이다.

위의 이야기가 더 이상 퀴어, 장애인 등 사회적 소수자에게만 예외적으로 해당되는 것은 아니다.

---

* 김순남·성정숙·김소형·이종걸·류민희·장서연, 같은 글, 71쪽.

한국의 1인가구 비율이 4인가구 비율을 앞지른 지는 오래되었다. 통계청 조사에 의하면 2011년 이후로 혼인 건수는 지속적으로 감소하여 2021년 그 수는 19만 3천 건으로 전년 대비 9.8% 감소하였다(통계청, 2022). 2021년 「가족 다양성에 대한 국민여론조사」에 따르면, 응답자의 68.5%는 "혼인, 혈연에 무관하게 생계와 주거를 공유할 경우 가족으로 인정한다"라고 답했으며, "함께 살지 않아도 정서적 유대를 가진 친밀한 관계면 가족이 될 수 있다"에는 39.3%가 동의했다. 20대로만 응답자의 폭을 좁힐 경우에는 동의 비율이 50.8%에 이른다. 또한 비혼 동거에 대해서는 응답자의 69.8%가 동의했으며, 연령대별로 살펴보면 20대 89.7%, 30대 85.6%, 40대 77.2%로 모두 높은 찬성 비율을 보이고 있다(여성가족부, 2021). 사회는 이미 혈연 또는 혼인 중심이 아닌 다양한 생애경로를 모색하는 흐름을 보여주고 있는 것이다.

이렇듯 누구랑 의지하면서 살 것인지에 대해 당연한 생애각본이 주어지지 않는 상황은 죽음, 장례, 그 이후 전 과정에서 기존의 사회가 당연시해 온 혈연 중심의, 이성애결혼 중심의 애도 각본을 넘어 애도의 권리를 요청하는 흐름과 만난다.

이 책의 저자들은 퀴어한 장례와 애도의 정치를 말하며, 죽음과 장례 절차를 포함한 애도의 전 과정에서 작동하는 사회적인 배제와 차별에 주목한다. 그리고 제도가 허락하고 인정하는 '당연한 장례', '당연한 애도, 당연한 관계와 유대'에 문제를 제기한다. 퀴어한 장례와 애도는 단지 성소수자의 죽음과 장례에 관한 얘기가 아니라, 장례와 애도의 정상성을 질문하는 것이다. 실제 삶에서 맺는 관계 속의 주체들이 죽음을 함께 애도할 권리, 삶과 죽음에 걸쳐서 동행할 권리가 박탈되는 문제에 주목하면서 애도를 정상가족제도와 불화하는 정치적인 문제로 재구성하는 것이다. 또한, 퀴어한 장례와 애도의 정치의 장을 통해서 우리는 '왜 어떤 죽음은 애도조차 불가능한가'라는 사회적인 물음을 제기하고자 한다. 삶과 죽음에 걸쳐서 배제된 자리에서 생성되는 관계성, 돌봄, 상호의존의 장에 주목하면서, 혈연/가족주의 중심으로 관계를 상상하는 사회에 개입하고자 한다. 이를 위해서, 시신 수습부터 장례 진행, 장례 비용 부담 등에 대한 권리와 책임이 법적 가족에게만 부여되는 현실을 넘어, 내가 지정한 사람, 또는 함께 삶을 살아온 동반자가 애도의 주체가 되고, 장례 절차의 전 과정에서 실질적인 권한을 가질 수 있는 방향을 담고자 하였다.

책에서 인용되는 인터뷰 내용은 자신을 퀴어(성소수자, 트랜스젠더, 동성애자, 양성애자 등)로 정체화하고 자신에게 중요한 파트너, 친구, 동료를 떠나보낸 경험이 있는 이들의 이야기이다. 인터뷰는 2022년 9월부터 12월까지 진행되었으며, 각각의 인터뷰는 2시간 반 정도 이루어졌고, 모두 대면으로 진행하였다. 20대부터 50대까지 다양한 연령대를 고려했고, HIV 감염인이 특별히 배제된 경험에 주목했으며, 간병 과정에서 겪었던 파트너와 친구들의 돌봄 과정 또한 포함하였다. 인터뷰를 통해서 이성애규범적인 가족주의에 기반을 둔「장사법」의 문제뿐만 아니라, 살아서 함께 만들어낸 유대가 애도의 과정과 장례 과정에서 어떻게 교차되는지를 분석하였다. 참여자들은 고인과의 관계에서 친구, 파트너, 단체 동료, HIV/AIDS 감염인 쉼터 동료, 활동가로서의 만남, "동행 이종문화 간의 호스피스" 등 다양한 관계 속에서 고인과 연결되었다.

20대 참여자 재희의 경우에는 떠난 친구를 대학에서 오래 알고 지냈고, 단체 활동도 같이하면서 함께 생활했기에 떠난 친구의 원가족이 모든 일을 일임할 만큼 돌봄을 주도적으로 담당했다. 떠난 친구가 정신적으로 아파서 다닌 병원에서도 그를 '보호자'로 대했다. 가난했지만 원가족과 불화하는 친구를, 퀴어의 삶에서 다른 '선택지'가 없는 '생존'을 함께했고, 죽음과 애도의 과정에서 가장 먼저 '상주'의 역할을 자임했다. 또 다른 20대 지민 또한 떠난 친구의 자취방 비밀번호를 서로 알고 지낼 만큼 가까웠고, 삶의 위기의 순간에 원가족이 아니라 서로가 서로의 보호자가 되어주며 생존할 수 있었다고 토로한다. 함께 생존해 온 시간을 생각한다면, 원가족이 장례식도 하지 않고 친구를 보냈을 때, 애도의 부재가 큰 상실, 깊은 분노로 남겨지는 것은 당연할 것이다.

    참여자 은수, 수현, 호연은 파트너를 떠나보낸 경험을 가지고 있다. 참여자 은수는 2002년에 '미즈'라는 나우누리 여성동호회 회원으로 파트너를 만나 서로 친하게 지내면서 사귀기 시작했고, 2021년 파트너가 떠나기 전까지 함께했다. 그는 장례에 관한 모든 권한을 파트너에게 일임한다는 유언장을 작성한 것이 원가족과 상의하고 의논할 수 있는 최소한의 장치였다고 이야기한다. 참여자 수현은 2009년부터 연애를 했고, 2021년 파트너가 병으로 떠나기 전까지 함께했다. 파트너가 암이 발생한 이후에 모든 일을 재택근무로 전환하면서 함께 돌봄을 수행했고, 2년 가까이 제주에서 생활을 했던 파트너를 돌보기 위해서 서울과 제주를 오가면서 간병을 담당했다. 파트너를 떠나보낸 위 사례에서 은수와 수현은 20대 때와 다르게 40대가 지났고, 병원비를 해결하는 문제부터 장례 전 과정에서 주변 커뮤니티와 활동의 자원들이 '외롭지' 않게 의지가 되었다고 한다. 생전의 돌봄과 장례의 애도 과정에서 '운이 좋았다'고 이야기하는 것은 퀴어 내부에서 나이와 커뮤니티 활동 자원들이 만들어내는 삶의 차이를 보여준다. 참여자 호연은 파트너를 2013년도에 만나서 2016년까지 함께했고, 아파서 병원에 간 지 몇 개월 만에 파트너가 떠났다. 커뮤니티와의 연결이 없었기 때문에 자신의 정체성과 서로의 관계를 아는 가까운 지인이 없어서 호연은 주변에 슬픔을 토로하지 못하고 오롯이 혼자서 감내해야 했는데, 그 상황이 가장 고통스러웠다고 한다.

참여자 종걸과 남웅은 각각 한국 게이 인권 운동 단체 '친구사이'와 '행동하는성소수자인권연대(행성인)'의 활동가들이다. 그들은 퀴어커뮤니티를 살아내며 그간 함께 만들어 온 퀴어의 역사와 애도를 연결하는 연대의 차원에서 활동하는 참여자들이다. 참여자 유진, 민서는 단체 활동의 동료로서, HIV/AIDS 감염인 쉼터에서 함께한 경험들을 통해서 '사회적 상주'로서의 의미와, 애도의 장과, 애도의 부재가 만들어내는 커뮤니티의 가능/불가능성과 퀴어의 장례를 함께 이야기한다. 마지막으로, 김인선은 독일에서 이주자이자 레즈비언으로서 사단법인 동행이종문화

간의 호스피스를 운영하였다. 호스피스를 만든 이유는 이주자들이 자신으로 기억될 수 있는 음식과 문화를 공유하고, 소수자의 죽음과 애도가 가능한 고립되지 않은 장이 절실히 필요함을 본인의 이주-퀴어 경험 속에서 확인했기 때문이다.

이렇듯 친구, 파트너, 퀴어커뮤니티, 공동체 간에 수행되어 온 여러 갈래의 삶과 죽음을 통한 돌봄과 유대의 장을 살펴보면서 이미 이곳에서 퀴어하고 불온한 많은 존재들이 폐쇄적인 이성애 가부장제 가족주의를 넘어 '생존 돌봄', '조력 돌봄', '커뮤니티 돌봄'을 수행하고 있음을 확인하였다. 위의 돌봄의 양식들은 퀴어의 삶과 죽음을 분절적인 사건이 아니라 삶과 애도의 권리를 박탈하는 사회에서 집합적으로 생존해 온 삶으로 드러내고 있다. 세 가지 돌봄 양식의 실천적, 윤리적, 관계적 의미들을 아래와 같이 정의하고자 한다.

생존 돌봄: 원가족과의 불화, 퀴어로서의 불안정한 삶, 친구 등 주변 자원의 부재 속에서 나의 생존과 너의 생존이 분리되지 않고 서로의 생존에 깊게 연루되는 피할 수 없는 돌봄과 의지의 관계망을 포착하기 위한 개념이다. 즉, 나를 돌보는 것이 너를 돌보는 것이 되는 취약한 삶의 세계를 반영하고 있으며, 서로의 취약

함이 돌봄의 조건이자, 생존과 유대의 장을 생성하는 조건임을 드러내는 의미이다.

조력 돌봄: 아픈 친구를 일상적으로 돌보는 관계는 아니지만, 병원비를 조력하고, 돌봄 시간표를 작성하기도 하면서 서로 주 돌봄자를 조력하는 역할을 하는 것을 말한다. 장례의 경우에도 직접 '상주'는 아니지만 퀴어로서의 애도와 장례가 가능할 수 있도록 장례지도사를 설득하고, 원가족과 협상이 가능한 조력을 함께하는 돌봄을 의미한다. 조력 돌봄은 삶과 죽음의 전 과정에서 주 돌봄자들이 고립되지 않을 수 있게 하는 역할을 담당하는데, 조력 돌봄은 개인 의지의 영역이라기보다 40대 이후에 여러 활동이나 일을 하며 '지속적'인 자원이 가능한 경우에 더 실현 가능함을 확인할 수 있었다.

커뮤니티 돌봄: 퀴어커뮤니티에서 죽음을 애도하는 추모의 밤을 매년 개최하는 이유는 죽음과 분리되지 않는 커뮤니티의 조건과 연결된다. HIV/AIDS를 비롯한 질병뿐만 아니라 여러 취약한 현실 속에서 집합적인 생존을 모색해 온 이들을 애도하는 것은 애도로서의 연결과 상실로서의 연대를 모색하는 공동체 전체를 돌보는 행위로 볼 수 있다.

혈연 중심의 법적 가족을 넘어 시민들이 다양한 연대 관계 속에서 결속·유대가 가능한 사회를 만들기 위해서, 애도의 정치는 이성애 가부장적인 가족제도를 바꾸는 가족정치의 장과 연결된다. 죽음은 삶과 분리되는 것이 아니라 존재양식이 변화하는 것이다. 애도의 정치는 기존에 법적 가족으로 상상해 온 폐쇄적인 가족주의에 개입하는 과정이며, 서로를 위한 생존의 기술과 퀴어하고 난잡한 삶의 유대가 가능한 친밀성의 정치를 확장하는 새로운 상호 의존의 생태계를 사회적으로 가시화하는 과정이다. 이 책이 폐쇄적인 혈연 중심의 한국 사회가 어떤 지점에서 애도의 권리, 삶의 권리를 박탈하는지를 집합적으로 사유하는 계기가 되기를 바라면서, 우리는 이 책을 통해 삶에서 보이지 않는 돌봄, 관계, 유대를 가시화하고자 한다. '당연한 장례', '당연한 애도'와 불화하는 퀴어한 존재들의 이야기가 다른 관계와 사회를 상상하는 흐름으로 이어지기를 바라면서, 기존 가족을 떠나서 다른 관계, 돌봄, 애도의 방식을 모색하는 참여자들의 이야기가 '이들'만의 삶의 의제가 아니라 이 사회의 구성원들이 경험하는 '우리'의 의제로 감각될 수 있기를 바란다.

차례

들어가며

1 당연한 장례, 당연한 애도는 없다
: 삶과 죽음에 걸친 위계와 차별을 정치화하기

애도는 왜 정치적인 의제인가   21
변화하는 가족과 불화하는 장사법   36

2 퀴어의 돌봄은 어떻게 정치적 문제가 되었나

'이름 없는' 돌봄   51
'대가 없이' 주는 가장 친한 친구   63

3 '자격 없는' 관계들이 수행하는 애도의 장에서의 차별

이름 없는 빈소   75
편집된 장례식장   82
"모든 것을 파트너에게 일임한다"   87
박탈된 애도   96
이름 없는 활동들   101

4 퀴어로서의 장례: 대안적인 애도와 저항

퀴어로서의 정체성을 지우지 않기	109
퀴어-친족으로서 장례에 개입하기	113
원가족과 퀴어의 마주침 공간	119

5 퀴어커뮤니티의 애도: 무명의 죽음에서 이름 있는 삶으로

장례식장에서 미처 못했던 '우리끼리'만의 애도: 친구사이	130
무지개텃밭에서 광장까지, 애도를 통해 생성되는 관계성: 행성인	147
접근 가능성으로 여는 추모의 공간: 케이시느루모모와 친구들	162
코로나19를 겪은 광장에서: 키스 앤 크라이, 트랜스젠더 추모의 날	169

6 퀴어한 장례와 애도 문화를 위하여

'나다운 장례식'과 사후자기결정권	179
애도할 권리와 가족을 구성할 권리	188
장례비용의 문제	199
소수자의 삶을 이해하는 의료, 돌봄, 죽음	207
다채로운 애도의 방식	215

나가며	221
참고자료	227

1
당연한 장례, 당연한 애도는 없다

: 삶과 죽음에 걸친 위계와 차별을 정치화하기

애도는 왜 정치적인 의제인가

↳ 누가 애도할 만한 삶으로 간주되는가? 누구의 죽음은 애도가능한 죽음으로 간주되는가는 사회적이며, 정치적인 질문이다. 버틀러는 "어떤 종류의 주체가 애도되고 애도되어야 하며 어떤 종류의 주체가 애도되어서는 안 되는가를 결정하는 애도성의 차별적인 할당은 누가 규범적으로 인간인가-무엇이 살아 있을 만한 삶과 애도할 만한 죽음으로서 가치가 있는가?"를 사회적으로 규정하는 것임을 강조한다(버틀러, 2008: 49).

누가 연고자인지, 누가 애도의 주체가 될 수 있는지에 대한 사회적인 질문의 등장은 기존 가족 안에서 장례와 애도가 '당연히' 가능하고, 그것이 삶의 당연한 수순으로 생각되어 온 기존 가족주의의 변화와 맞물린다. 2020년 11월 서울시 무연고 사망자 79명 중 이혼/미혼이 23명(29.1%)이며, 서류상 법적 가족이 없거나 가족관계를 확인할 수 없는 사람은 11명(13.9%)이고, 서류상 가족관계가 있는 사람은 86.1%로 상당히 높은 비율을 보이고 있다. 또한, 무연고 사망자 중에서 시신을 위임한 경우가 49

명(62.0%), 위임을 기피한 경우가 10명(12.7%)으로 나타났다.* 무연고 사망자의 70% 이상이 1950년대 중반에서 1960년대 초반에 태어난 '베이비붐' 세대의 중장년 남성들이며, 이들 대부분이 연고자가 존재하지만 시신 인수를 '포기'하여 무연고 사망자가 되었다는 점이 주목받고 있다.** 일반적으로 무연고 사망자의 증가 이유로 가족 해체나 1인가구의 증가가 반복적으로 언급되지만, 무연고 사망자의 통계를 통해서는 결혼 유무, 가족 유무를 알 수 없고, 실제 무연고 사망자의 성별만을 알 수 있다. 이러한 변화에서 중요한 것은 더 이상 '기존 가족' 안에서의 당연한 장례, 애도는 가능하지 않으며, 기존 가족 안과 밖에서 다양한 관계성과 유대가 출연한다는 것에 주목해야 한다는

---

* "[나눔통계이야기] 나눔과 나눔이 배웅한 11월의 서울시 무연고사망자의 삶", 〈나눔과 나눔〉, http://goodnanum.or.kr/?p=7220

** 이소윤은 「한국사회 무연고 사망자의 상주되기와 장례실천을 둘러싼 가족정치」 연구에서 '증가하는 무연고 사망자' 현상을 연고자에게 버림받은 불쌍한 존재로 재현하는 것을 문제화하면서 무연고를 만들어내는 직계가족 중심의 정상가족주의를 비판적으로 고찰했다. 이러한 논의들은 무연고 사망자가 가족 없음의 상태가 아니라 다양한 유대관계망을 보지 못하는 법적 가족의 문제에 기인하고 있다는 점을 밝히고, 가족과 무관하게 애도할 권리, 애도받을 권리를 시민의 권리로서 논의해야 함을 제기한다.(이소윤, 「한국사회 무연고사망자의 상주되기와 장례실천을 둘러싼 가족정치」, 이화여자대학교 대학원 석사학위논문, 2022, 2쪽)

것이다. 무연고 사망자를 통해서 가족 해체를 문제화할 것이 아니라 기존 장례에서 누가 배제되고 있는가에 주목하고, 관계에 대한 인정과 애도의 권리를 인정하는 사회적인 논의로 나아가야 한다.

    법률혼이나 혈연가족 중심의 「장사법」과 애도의 과정은 자신이 의지하고 있는 대상에게 장례를 일임할 수 있는 삶의 결정권을 침해하고 있다. 특히 가족과 불화의 가능성을 가지고 있는 퀴어나 사회적 소수자에게 「장사법」이나 혈연가족 중심의 장례문화로 인한 차별은 크게 다가올 수밖에 없다.* 누가 나의 인생에서 유대하는 존재인지 누가 나의 연고자인지는 혼인이나 혈연으로 미리 정해질 수 없으며, 이성애 가부장제 가족제도를 공고히 하는 장례문화는 변화하는 시민들의 생애와 충돌할 수밖에 없다.

---

*   '나눔과 나눔'은 법률혼과 혈연가족 중심으로 진행되는 장례를 문제화하면서 공영장례 조례제정을 주도해 왔고, 연고자의 범위를 법적 가족으로 제한해 온 기존 「장사법」에 문제를 지속적으로 제기해 왔다. '나눔과 나눔'의 활동가인 박진옥은 「비혈연 관계 지인의 서울시 무연고사망자 공영장례 경험에 관한 연구」에서 법적으로 아무런 권리도 의무도 없지만 사망자와 오랫동안 친밀한 관계였던 '연고자'들이 수행하는 공영장례 과정에서의 애도의 과정을 분석하면서 혈연과 제도를 넘어 동행의 관계로서 애도의 필요성을 중요하게 다루었다.(박진옥, 「비혈연 관계 지인의 서울시 무연고 사망자 공영장례 경험에 관한 연구」, 서울시립대학교 사회복지학 박사학위논문, 2022)

이성애 가부장제 장례문화로 인한 충돌은 소수자의 이슈만이 아니라 기존 가족관계 안에서 요청되고 있는 변화와도 만난다. 평등한 관계에 대한 인정과 애도할 권리는 장례문화 전반에서 작동하는 성차별적인 장례문화, 이성애 중심적인 가족문화에 대한 변화 속에서 확인된다.

한국여성정책연구원은 가부장적 가정의례 문화의 개선을 위한 정책방안 연구를 통해 여전히 남성 혈족을 상주로 삼고 장례의 절차가 결정되는 가부장적 장례문화가 망자와 생전의 친밀한 관계, 실질적인 부양과 돌봄의 관계를 맺었던 이들에게 어떤 차별적 경험을 남기는지를 분석하였다. "기존의 장례방식은 1인가구, 비혼 증가 등 최근의 가족 변화와 맞지 않는다"라는 진술에 대해 '동의하는 편이다'가 53.5%, '매우 동의한다'가 32.3%로 높은 동의율을 보였으며 "사랑하는 사람·가족의 장례와 관련된 중요한 의사결정은 누가" 해야 한다고 생각하는지에 대해서는 1순위 "외가, 친가, 성별 등 구분 없이 남겨진 가족들이 상의해서" 48.0%, 2순위 "상주를 정하고 상주를 중심으로" 22.6%, 3순위 "고인이 생전에 지정한 사람" 9.5%, 4순위 "고인과 친밀했던 사람들의 의견을 모아서" 9.1%로 나타나 기존의 법률혼, 혈연가족, 특히 남성 혈족을 우선적 권리자로 상정한 가부장적 장례문화에 변화가 필요함이 드러났다.*

가부장적 잔재는 기업 경조사 규정에도 남아 있다. 2013년 〈경향신문〉이 대기업 15곳의 경조휴가 규정을 조사한 결과, 휴가일수와 경조비 지급에 친가 외가 차별이 없는 기업은 단 두 곳에 불과했다.** 같은 해 국가인권위원회는 "호주제 폐지에 따라 친조부모와 외조부모가 같은 지위의 가족임에도 외조부모를 차등 대우하는 것은 차별"이라고 판단하여 직권조사를 실시하였다.*** 조사 대상 87개 기업 중 36개 기업은 외조부모상에 경조휴가를 주지 않거나 친조부모보다 1~5일 정도 휴가일수를 적게 주고 있었고, 30개 기업은 외조부모상에 경조비를 아예 지급하지 않고 있었다. 휴가와 부의금에 차등을 두지 않는 기업은 38.8%(26개)였다.**** 이러한 차별적 관행을 개선하라는

---

* 송효진, 「한국 장례에 대한 국민인식조사 및 성평등한 장례문화 모색」, 한국여성정책연구원, 2020.

** 김여란, "경조 유급휴가 '외가 차별'하는 대기업들", 〈경향신문〉, 2013.07.25.

*** 「"경조휴가 및 경조비 지급 시 외가제외는 차별"-인권위, 해당기업 및 경제5단체 등에 관행 개선 의견 표명」, 국가인권위원회, 2013.

**** 참고로 공무원은 「국가공무원복무규정」에 따라 본인과 배우자의 친조부모, 외조부모 장례에 대해 동일하게 2일의 휴가를 사용할 수 있도록 정해져 있다.

국가인권위원회의 의견표명 이후에도 큰 변화는 없어 보인다. 예컨대 2019년 〈시사저널〉 조사를 보면 대기업 9곳 중 5곳이 외가에 불리한 경조사 규정을 두고 있다.* 한 대기업은 친조부모 경조사에 3일 휴가와 월급 50%에 달하는 경조사비를 지원하지만, 외조부모 경조사의 경우 휴가나 경조사비가 아예 없었다. 경조사에서 친가, 외가 차별을 금지하는 「남녀고용평등법」 개정안이 몇 차례 발의되었지만, 법으로 강제하기보다 노사 자율로 정해야 한다는 논리를 넘어서지 못하고 있다.

이러한 조사 결과는 장례문화가 평등한 애도의 장이 아니라 남성 혈족에 기반을 둔 가족주의를 강화하는 장치라는 것을 보여주고 있으며, 평등한 장례문화는 개인적 의제가 아니라 사회적인 의제임을 보여준다. 기존 장례문화에 대한 반기는 아들이나 사위인 남성을 중심으로 장례를 진행하는 것이 아니라, 여성이 상주로서 장례와 애도의 주체가 되는 사례들을 통해서 확인할 수 있다.**

---

*   김민주, "외할머니가 돌아가셔도 휴가 없다는 '대기업'", 〈시사저널〉, 2019.02.13.
** 가수 이랑이 자신과 가까웠던 언니의 죽음 앞에서 장례식의 상주가 되기로 선택한 것은 장례 전 과정에서 '당연한 애도', '당연한 장례'는 없다는 것을 보여준다.(강은, "언니가 원하는 장례식을 위해선 여자도 상주가 될 수 있어야 했다", 〈경향신문〉, 2021.12.23.)

이렇듯, 장례문화에 대한 사회적인 관심은 존엄한 삶의 마무리는 어떻게 가능하며, 동시에 존엄하게 살 수 있는 사회는 어떻게 가능한가에 대한 질문과 연결된다. 한국 사회에서 죽음에 대한 사회적인 관심은 IMF 경제위기 이후에 남성 가장의 실직으로 인한 고독사의 증가, 가족과의 단절이라는 구도 속에서 등장했다. 그러나 이 문제에 대한 접근은 현재까지 삶에서의 불평등 해소나 구조적인 차별들에 주목하기보다는 '고독사 예방' 차원에서 사회적인 '문제'를 관리하는 방식으로 관심이 집중되었다. 2014년부터 고독사 통계 조사가 실시되었고「고독사 예방 및 관리에 관한 법률」이 2021년 4월 1일부터 시행되고 있지만, 고립에 대한 해소와 다양한 사회적 관계망에 주목하기보다는 방치된 죽음을 '제때 발견'하기 위한 정책들이 중심임을 알 수 있다. 그러나 보편적 권리의 관점으로 장례복지를 만들기 위해서는 고립된 인구를 선별하는 죽음관리 정책이 아니라 고립을 양산하는 불평등을 해소하는 방향을 견지해야 한다. 고립된 죽음을 관리하는 것이 목적이 아니라 고립되지 않은 사회를 만드는 것, 그리고 무연고 사망자를 가족이 없는 존재로 등치하는 것이 아니라 누가 가족과 불화를 경험하는지, 그리고 가족을 떠나서 살아가는 시민들이 경험하는 사회적인 불평등이 무엇인지를 중심으로 논의가 확장되어야 한다.

    존엄한 죽음에 대한 논의는 존엄한 삶이 어떻게 가능하며, 존엄한 삶이 가능하기 위해서 사회적인 차별들을 어떻게 구조적인 문제로 인식하는가에 달려 있다. 많은 성소수자들이 정체성을 형성하는 시기에 가지는 가장 큰 걱정이 무엇인가라는 질문에 "부모, 형제자매 등 가족이 내가 성소수자라는 것을 알면 보일 부정적인 반응 때문에"라고 응답한 이들이 83.9%에 달했고, "사회적으로 만연한 성소수자에 대한 차별과 혐오 때문에"가 82.4%로 나타났다. 또한, "내가 이상한 사람일까 봐"라는 응답이 45.6%로 나타났는데, 이는 성소수자들에게 실제 자신의 모습 그대로 살아갈 수 있는 생애를 가질 권리가 취약함을 보여준다.*

↳ 올해도 많은 청년 성소수자들을 떠나보내는 시간이 있었습니다. 오늘도 제 주변에서는 자신이 30살을 넘길 수 있을까? 40살은 상상조차도 되지 않는다며 자조하는 20대 친구들이 꽤 있습니다. 우리 곁을 떠나간 친구와 동료들을 애도하고, 또 애도의 시간

---

* 정성조·김보미·심기용·한성진, 「"나 같은 사람이 혼자가 아니구나"-〈2021년 청년 성소수자 사회적 욕구 및 실태 조사〉 결과보고서」, 다음, 2022, 35쪽.

을 보내고 있는 다양한 분들에게 위로를 보냅니다.*

퀴어에게 죽음은 살아가는 조건과 무관한 것이 아니다. 이들에게 죽음은 사회적으로 불평등한 삶을 반추하는 삶의 사건이 된다. 이러한 사회적인 불평등은 장례 과정과도 연결된다. 퀴어에게 장례식은 고인의 정체성이 드러나고, 고인이 함께해 온 친구와 파트너가 공적인 추모의 장에 등장하는 중요한 장소이다. 그러나 동시에 성소수자에 대한 혐오로 인해서 가족들이 장례식에 참석하는 것을 거절할 수 있는 추방의 공간이기도 하며, 고인이 에이즈로 인해서 사망했다는 것을 밝힐 수 없는 금기의 공간이 되기도 한다.** 죽음과 슬픔과 애도에 대한 지배적인 이야기들은 사회적으로 비장애인 중심이며, 지적장애가 없고 문명화된 중산층 이상의 시민이자, 이성애 시스젠더***인 규범

---

* 심기용, "성소수자 청년의 돌봄", 〈[돌봄민주주의x페미니즘] 연속기획 포럼 "청년 돌봄, 더 잘 돌볼 권리를 찾아서"〉, 젠더정치연구소 여.세.연, 2021.

** Katherine Cox, *Death, dying, and social differences : Sexual identity—gender and sexual orientation*, Oxford University Press, 2004, p.57.

*** 출생 시 지정받은 성별이 자신의 젠더 정체성과 일치하거나 스스로 그렇다고 알고 있는 사람들을 일컫는다.(지니 게인스버그, 허원 역, 『성소수

적인 시민주체들의 삶과 연결된다.* 퀴어에게 법률혼과 혈연가족 중심의「장사법」이나 규범적인 애도의 과정은 자신이 의지하는 대상에게 장례를 맡길 수 없도록 하여 삶의 결정권을 침해한다. 특히 가족과 불화의 가능성을 가지고 있는 퀴어에게「장사법」이나 혈연가족 중심의 장례문화로 인한 차별은 더욱 크게 다가올 수밖에 없다.

이러한 상황에서 가족구성권연구모임(현재 가족구성권연구소)이 최초로 펼친 대중사업이 유언장을 작성하는 행사였다는 것은 퀴어가 경험하는 중요한 차별을 드러내고, 이에 맞서기 위한 방법을 고민하는 하나의 자력화의 시도였다고 볼 수 있다.

한편, HIV 감염인의 죽음은 특별히 정치적이었다. 1980년대 초기 에이즈가 미국에서 유행하기 시작했을 때부터 전 세계적으로 이 질병에 대한 공포와 혐오가 확산되기 시작했는데 당시 HIV 감염인들은 정부가 의도적으로 치료를 방기하고 있다면서 에이즈로 죽어가는 이들에 대한 책임이 국가에 있음을 분명히 하고 저항했다. 이러

자 지지자를 위한 동료 시민 안내서』, 현암사, 2022, 30쪽)

* Radomska, M., Mehrabi, T., Lykke, N., "Queer Death Studies: Death, Dying and Mourning from a queerfeminist perspective", *Australian Feminist Studies*, Vol 35(104), 2020 참조.

한 활동은 애도를 정치적인 운동으로 발전시킨 대표적인 인권운동이 되었다. 한국에서는 HIV 감염인 인권운동이 2000년 중반 본격적으로 시작되었는데, 2014년에 처음으로 공개적인 추모제가 열렸다. 2013년 에이즈 환자를 위해 마련된 요양병원에서 방치와 폭력으로 인해 소리 없이 죽어간 '김무명' 씨의 1주기를 추모하기 위한 자리였다. 이정식은 자신이 인터뷰한 HIV 감염인을 각각 '무명 씨'로 호명하며 삶과 죽음, 요양병원 등의 경험을 기록했다.*

↳ 감염된 이후에는 자살을 생각할 수가 없더라고. 내가 죽고 나면 엄마가 내 감염 사실을 알아버리는 건 아닐까 그런 생각을 한 거지. 엄마에게 HIV에 감염된 자식을 둔 게 나을까, 자살한 자식을 둔 게 나을까. 둘 중 슬픔의 무게는 어떤 게 더 무거운 걸까.**

↳ 우린 병원 밖을 나가면 안 되는 사람이었어. 에이즈 환자들이 있다는 소문이 나면 안 된다고 간호사들한테 혼이 났으니까. 에이즈라는 말조차 꺼내면 안 되었지. 쫓겨날 수도 있다고. 그때의 그 감정이 아직도 생생해. 우린 갈 곳이 없고 치료가 필요해서 온 사

---

* 이정식, 『시선으로 사람을 죽일 수 있다면: 김무명들이 남긴 생의 흔적』, 글항아리, 2021.
** 이정식, 같은 책, 129쪽.

람들이었는데 거긴 병원이 아니라 수용소였어. 병실에 진드기가 있었고 침대 옆을 지나가는 쥐도 보았어. 우린 제대로 씻을 수도 없었어. 머리카락도 다 밀어야 했어. (...) 그래, 그랬어. 우린 거기서 그런 사람들이었어. 아프다고 말해도 어디가 아픈지 묻지도 않고 내미는 손을 잡아주지도 않았어. 환자끼리 서로를 위로하고 격려해주기 위해 손을 만지기라도 하면 난리가 났지. 남자끼리 뭐 하는 짓이냐고, 환자끼리 뭐 하는 짓이냐고 혼이 났지.*

삶의 장소가 은폐되고 관계가 단절된 이에게, 아플 때 치료와 위로를 기대하기 어려운 이에게 사회는 죽음의 애도 또한 허락하지 않는다. 죽음의 위계는 생명의 위계와 맞물려 누구를 살리기 위해서 어떤 사회적인 노력과 관심, 자원을 기울일 것인가를 결정할 때 영향을 미친다. 에이즈 환자를 위해서 마련된 요양병원은 국가로부터 특별한 지원금을 챙겼지만, 그곳은 '수용소'였다. 회복을 기대받지 못하는 환자가 머무는 장소는 죽음을 기다리는 장소일 수밖에 없다는 점을 HIV/AIDS 운동이 처절하게 밝혀내었다.**

---

* 이정식, 위의 책, 151-153쪽.
** 권미란, 「요양병원이 종착지가 된 에이즈 환자들」, 『시설사회』, 와온, 2020.

2014년 8월 21일 국민연금공단 앞에서 에이즈 환자 건강권 보장과 국립 요양병원 마련을 위한 대책위원회 주최로 열린 고 김무명 1주기 추모제 모습. 길거리 바닥에 검은색 실루엣이 담긴 영정이 놓여 있고 그 앞에 많은 국화꽃이 헌화되어 있다.

이러한 감염에 대한 공포는 박탈된 애도를 정당화해 왔고, 그것은 한국 사회에서 애도 없이 '처리되는 시신들'로 죽음을 바라보는 태도와 만난다. 감염에 대한 낙인은 코로나19로 인해서 고인이 된 시민들이 쉽게 '치워지는 시신'으로 간주되고, 애도 없음이 정당화되는 사회적인 분위기와 만난다. 코로나19 사망자 시신처리를 한 장례지도사는 "코로나는 죽음 이후의 시간도 재촉했어요. 어떤 망자는 오후 3시에 사망해 오후 6시에 화장했으니 3일장은커녕 3시간 만에 죽음이 정리된 거예요. 방역 매뉴얼에 따라 슬퍼할 겨를도 없이 간 거예요"라고 전한다.** 한국에서 바이러스가 오로지 퇴치되어야 할 적으로 상정되면 될수록 '감염의 가능성'을 차단하는 것만이 목적이 되며, 감염의 가능성을 가진 인간은 삶의 한가운데에서 보이지 않게 추방된다. 한국과 달리 이탈리아 시청에서는 조기를 걸고 1분간 묵념을 하거나 지역신문에 코로나 희생자의 이름을 싣고 애도하였고, 미국 뉴저지에서는 주지사가 사망자를 위해 반기(半旗)를 걸게 하는 행정명령을 내렸다고 한다. 죽음을 '혐오스러운 바이러스 감염 덩어리'라 생각하는 사

---

*   박돈규, "3일장은커녕 3시간 만에 화장…염장이가 본 코로나 죽음", 〈조선일보〉, 2020.12.19.
**   양준석, 『코로나를 애도하다』, 솔트앤씨드, 2022, 65쪽.

회에서 잘 죽을 수 있는 권리는 박탈될 수밖에 없다.* 이러한 사회에서 슬픔이 사회적으로 공유되기는 어려우며, 애도할 권리, 애도받을 권리는 부재할 수밖에 없다.

이렇듯, "공적인 주체가 되어 애도할 권리, 애도받을 권리는 누구에게나 당연하게 주어져 있는 것이 아니며, 애도할 권리, 애도받을 권리는 삶의 마지막 순간마저 누군가에게는 투쟁의 영역이 된다. 따라서 공적인 애도의 장을 만들어가는 것은 '정상'을 말하는 사회규범에 대항하는 영역을 확보하는 것이며, 그 영역은 불온하고 퀴어한 시민권을 생성하는 정치적인 장이 된다."** 이름 붙이지 못한, 존엄성이 박탈당한 무수한 무명의 존재들을 삶의 반경으로, 애도의 대상으로 출현하게 하는 것은 홀로 가능하지 않고, 무수한 연대의 장들을 통해서 가능하다. 우리는 '박탈되는 돌봄'이 아니라 서로를 포기하지 않고 서로의 삶을 기꺼이 껴안고 돌보는 문란한 존재들의 생존적인 돌봄을 통해서 다른 세계의 가능성을 모색할 수 있다.

---

* 양준석, 같은 책, 67쪽.
** 김순남, 『가족을 구성할 권리』, 오월의봄, 2022, 75쪽.

변화하는 가족과 불화하는 장사법

기존 가족을 떠나는 사람들뿐만 아니라 기존 가족 안에서도 다른 애도의 가능성을 모색하는 사람들이 증가하는 시점에서, 이성애 중심적인 가부장적 가족문화를 공고히 하는 것과 더불어 내가 선택하는 사람이 애도의 주체가 되고, 장례에서 애도할 권리를 갖는 것을 박탈하는 제도적인 실체는 「장사법」에 기인한다.

가족에 대한 인식 변화와는 동떨어진 채 한국의 법제도는 혼인한 부모와 혈연관계로 연결된 자녀로 이루어진 전통적인 '가족'의 가치를 고수하고 있다. 가족정책의 기본법인 「건강가정기본법」은 가족을 "혼인·혈연·입양으로 이루어진 사회의 기본단위"라고 정의하고, 가족법이라고 불리는 「민법」은 제779조에서 가족이 될 수 있는 자격을 법적인 배우자와 직계존비속, 형제자매 등 혼인과 혈연·입양 관계에만 부여한다.

「민법」 제779조는 법체계 전반에서 '가족'을 혼인과 혈연·입양으로 맺어진 관계로 한정하는 실제적인 효력을 만들어내고 있다. 가족구성권연구소의 조사에 따르면 사

<표 1> 「민법」상 가족의 범위

「민법」 제779조(가족의 범위)
① 다음의 자는 가족으로 한다.
1. 배우자, 직계혈족 및 형제자매
2. 직계혈족의 배우자, 배우자의 직계혈족 및 배우자의 형제자매
② 제1항 제2호의 경우에는 생계를 같이 하는 경우에 한한다.

회구성원의 권리와 의무를 규율하는 240여 개 현행법에서 개인의 의사나 결정을 대리하거나, 정보를 공유하며 돌봄이나 경제적 이해를 함께하는 단위로 '가족'이 언급되고 있는데, 법률혼과 혈연으로 맺어진 관계는 아니지만 함께 살아가고 생계를 공유하는 현실의 가족은 「민법」의 가족 범위 규정으로 인해 '가족'으로서의 권리와 의무를 박탈당한다.* 장례를 치를 권리, 애도할 권리도 그중 하나다.

생애모델의 변화 속에서 삶뿐만 아니라 죽음과 애도의 전 과정에서 누가 장례의 주관자가 되고 누가 애도의 주체가 될 수 있는가는 시민으로서의 권리를 확보하는 사회적인 의제다. 현재 한국 사회에서 장례를 치를 수 있는 연고자는 「장사 등에 관한 법률(이하 장사법)」로 규정하고

---

* 김현경·나영정·이유나·장서연, 「2019 이슈 발굴 및 논의를 위한 N개의 공론장 '법이 호명하는 가족의 의미와 한계' 연구보고서」, 서울특별시 청년허브 N개의 공론장, 2019.

있다. 〈표 2〉에 자세히 나와 있듯 「장사법」 제2조제16호에 따른 연고자는 고인의 배우자, 자녀, 부모, 손자·손녀, 조부모, 형제·자매, 사망 전 고인을 치료·보호했던 기관의 장, 시신이나 유골을 사실상 관리하는 자의 순으로 정해진다. 다시 말해 고인의 유언이나 생전 의사와는 상관없이 앞서 나열한 순서대로 연고자의 권리와 의무를 행사할 자격을 우선적으로 가지는 것이다. 장례를 치르고 장사와 관련된 결정을 내리는 '연고자가 될 권리'는 사실상 법률혼·혈연가족에게 부여되는 권리인 셈이다.

연고자 범위의 배우자나 혈연가족이 없거나, 관계가 단절되었거나, 이들이 시신 인수를 거부하는 경우, 동거인이나 친구도 「장사법」 제2조제16호 아목 '시신이나 유골을 사실상 관리하는 자'의 해당 여부에 따라 연고자가 되어 장례를 치를 가능성이 열려 있는 듯 보이지만, 2020년에 와서야 이에 대한 구체적인 지침이 마련되었다. 그 이전에는 예컨대 고인의 사실혼 배우자조차 연고자가 될 수 없었으며, 가목~바목에 해당하는 법적 배우자, 직계존비속이 나타나지 않으면 고인은 무연고자가 되어 관련 법령에 따라 무연고 장례를 치를 수밖에 없었다. 실제로 이러한 사례가 2018년 말 언론을 통해 알려지면서 「장사법」상 연고자 규정의 심각한 공백과 「장사법」이 현실의 가족/유

<표 2> 「장사 등에 관한 법률」의 연고자 규정

제2조(정의) 이 법에서 사용하는 용어의 뜻은 다음과 같다.
16. "연고자"란 사망한 자와 다음 각 목의 관계에 있는 자를 말하며, 연고자의 권리·의무는 다음 각 목의 순서로 행사한다. 다만, 순위가 같은 자녀 또는 직계비속이 2명 이상이면 최근친(最近親)의 연장자가 우선 순위를 갖는다.
    가. 배우자
    나. 자녀
    다. 부모
    라. 자녀 외의 직계비속
    마. 부모 외의 직계존속
    바. 형제·자매
    사. 사망하기 전에 치료·보호 또는 관리하고 있었던 행정기관 또는 치료·보호기관의 장으로서 대통령령으로 정하는 사람
    아. 가목부터 사목까지에 해당하지 아니하는 자로서 시신이나 유골을 사실상 관리하는 자

대 관계를 반영하지 못하고 있음이 한층 공론화되었다.[*] 20년을 함께 살았지만 「장사법」에 따라 고인의 마지막을 지킬 수 있는 연고자의 자격이 박탈된 것이다.

보건복지부는 가족의 다양성 등 사회적 변화를 반영하고 사망자의 의사 존중과 생전 자기결정권을 보장한다

---

[*] 홈리스추모제, "20년 함께 산 아내를 무연고사망자로 보낸 까닭", 〈오마이뉴스〉, 2018.12.10.

는 기본방향에 따라 2020년 「장사업무안내」를 개정하고 「장사법」 제2조제16호 아목 '시신이나 유골을 사실상 관리하는 자'가 장례를 진행할 수 있는 구체적인 지침을 신설했다.* 특히 사실혼 관계나 장기간 지속적으로 동거하며 생계·주거를 같이한 경우, 사망자가 생전에 공증문서나 유언장 등을 통해 사후 자신의 장례주관자로 지정한 경우, 친구, 이웃, 종교활동 및 사회적 연대활동 등에 따라 장례주관을 희망하는 경우 장례를 진행할 수 있다는 구체적 예시를 지침으로 마련하였다. 이들은 「장사법」상 '연고자'로서의 권리·의무를 지니게 되거나, 연고자가 아닌 '장례주관자'로서 장례의식 진행, 장사방법 및 장사시설 결정, 사후 장례결과 지자체 보고 등 장례 절차에 한해 의무를 지게 된다. 단, 연고자가 장례주관자가 될 경우 고인은 무연고시신 통계에 포함된다.

　다만, 사실혼 배우자나 동거인이 장례를 치르기 위해서는 '연고자(장례주관자) 지정 신청서'를 제출하고 길고 까다로운 지방자치단체의 내부심의를 거쳐야만 했다. 「장사법」 제2조제16호 가목~바목에 해당하는 연고자 유무 확인, 연고자의 시신 인수 의사 확인, 신청서와 관계 증빙

---

* 「2020년 장사업무안내」, 보건복지부, 2020, 210-211쪽.

<표 3> '시신이나 유골을 사실상 관리하는 자'에 대한 장사업무안내 지침 (2020년 신설)

「장사법」 제2조제16호 아목 등 장례지원

가. 기본방향
  - 가족개념 및 가족관계의 변화 등으로 전통적인 혈연 중심의 가족이 아니라 다양한 형태의 가족 발생 등 사회적 변화 반영
  - 사망자 의사를 존중하고 사망 후 장례절차·방법 등에 대한 생전 자기결정권 보장
  - 개인적 친분이나 사회적 연대에 따라 장례주관을 희망하는 개인이나 단체가 있는 경우 장례를 진행할 수 있도록 하고, 지자체는 행정적·재정적 지원을 할 수 있음

나. 구체적 예시
  1) 사실혼 관계
  2) 가족관계등록부 등 공부상으로 친자관계 등이 확인되지 않으나, 실제 장사법 제2조제16호 가목 내지 바목의 관계로 확인되는 경우
  3) 장사법 제2조제16호 가목 내지 사목에 해당되지 않는 친족관계 (조카, 며느리 등)
  4) 장기간 지속적으로 동거하며 생계나 주거를 같이 한 경우, 실질적 부양이나 경제적 지원 및 정서적 유대관계, 지속적 간병이나 돌봄을 제공한 경우
  5) 사망자가 생전에 공증문서나 유언장 등을 통해 사후 자신의 장례주관자로 지정
  6) 기타 장사법 제2조제16호 아목에 해당되지 않으나, 친구, 이웃, 같은 종교활동 및 사회적 연대활동 등에 따라 장례주관을 희망하는 경우

다. 유형 및 능력 범위
  - 시신이나 유골을 사실상 관리하는 자(연고자): 장사법상 연고자로서의 권리·의무 지님
  - 장례주관자: 장례의식 진행, 장사방법 및 장사시설 결정, 사후 장례결과 지자체 보고 등 장례절차에 한함(무연고시신 통계에 포함)

자료: 「2020년 장사업무안내」, 보건복지부, 2020, 210쪽

서류 확인, 필요시 현장조사, 내부 심의 등을 통해 연고자(장례주관자) 결정을 통보하는데, 서울의 경우 평균 30일이 소요되었다고 한다.*

연고자 결정 단계에서의 내부심의 절차는 2022년 장사업무안내 지침에서 개정되었다.** 〈표 3〉의 "나. 구체적 예시" 1~4번에 해당하는 사실혼 관계, 공부상으로는 친자관계가 확인되지 않지만 실제 친자관계인 경우, 가목~사목에 해당하지 않는 친족관계, 장기간 동거하며 생계나 주거를 같이한 동거인의 경우에는 지자체의 내부심의절차를 면제했다. 〈나눔과 나눔〉의 최근 사례를 보면, 선순위 연고자의 시신 인수 의사를 확인한 바로 다음 날 구청에서 신속하게 사실혼 관계 배우자를 연고자로 인정함에 따라 빠르게 장례 절차가 진행될 수 있었다.*** 연고자로 인정받기 위한 증빙서류는 〈표 4〉에 정리되어 있다.

한편 〈표 3〉의 "나. 구체적 예시" 5~6번, 즉 고인이 유언장을 통해 장례주관자로 지정한 사람이나 친구, 이웃,

---

* 박진옥, "사실혼 관계 배우자는 장례를 치를 수 없나요?", 〈오마이뉴스〉, 2022.06.02.

** 「2022년 장사업무안내」, 보건복지부, 2022, 202쪽.

*** 박진옥, "사실혼 관계 배우자는 장례를 치를 수 없나요?", 〈오마이뉴스〉, 2022.06.02.

<표 4> 연고자 신청 시 증빙서류 및 확인방법 (2022년 기준)

구분	
사실혼	실제 같은 주소지에서 동거(주민등록 세대분리 여부로 판단하지 않음) 상호 가족행사에 함께 참여, 자녀를 출산하고 양육 결혼식 사진이나 친척이나 주변 사람들의 증언 공동 명의의 자산 취득 및 공동 지출 등 경제적 공동체
사실상 동거, 지속적 돌봄 등	정기적 생활비 등 사적 이전 입금 내역, 병원비·간병비 등 지급 내역, 지속적으로 사망자 돌봄을 증명할 수 있는 자료
공적 자료	친족관계 등 증빙서류, 공증문서 및 유언장 등
사실관계 소명자료 및 확인서 등	평소 교류내역(편지, 사진, 통화내역 등), 읍·면·동장 및 통·이장 확인서, 인우보증서 등

자료: 「2022년 장사업무안내」, 보건복지부, 2022, 202쪽

단체가 장례주관을 희망하는 경우에는 「무연고 사망자 장례주관자 지정 신청서」를 제출하고 심의를 거쳐 장례주관자로 인정받아야 한다. 이 경우에는 고인이 원하는 사람이 장례를 치르기까지 여전히 상당한 기간을 기다려야 한다. 장례주관자 지정에 필요한 증빙서류는 〈표 5〉에 정리되어 있는데, 고인의 유언장, 실제 고인과의 교류를 입증할 수 있는 사진 등이 필요하다.

그런데 같이 찍은 사진처럼 흔해 보이는 증빙서류조

<표 5> 장례주관자 신청 시 증빙서류 및 확인 방법

구분	
공적 자료	공증문서 및 유언장 등
사실관계 소명자료 및 확인서 등	평소 교류내역(편지, 사진, 통화내역 등), 읍·면·동장 및 통·이장 확인서, 인우보증서 등

자료: 「2022년 장사업무안내」, 보건복지부, 2022, 213쪽

차 경우에 따라 까다로운 요건이 되어 장례를 지연시킨다. 한 사례를 보면, 쪽방촌 이웃들이 장례주관자로 인정받기 위해 고인과의 관계를 증명하는 사진을 요구받았는데, "사진을 찍는 것이 일상적이지 않은 주민들"에게 변변한 사진을 찾는 일은 쉽지 않았다.* 다행히 "함께 활동하는 모습이 담긴 아주 작게 찍힌 사진을 찾게 되어 그것으로 대체할 수 있었다"고 한다. "우리 주민 누군가의 장례를 치르기 위해서라도 평소 함께 있는 사진 한 장은 찍어둬야 한다는 생각에 한숨이 나왔"다는 말에서 형식적이고 행정적인 절차 앞에서 침범받는 애도할 권리, 애도받을 권리의 단면이 드러난다.

---

* 2022홈리스추모제 추모팀,「〈애도할 권리, 애도받을 권리, 가족 대신 장례-시민사회단체워크숍〉 자료집」, 2022, 35쪽.

2023년에 개정된 「장사법」에서는 '무연고 사망자'와 친밀한 관계의 사람을 장례주관자로 지정할 수 있는 법적 근거가 마련되었다. 이전에는 행정지침으로 존재했지만 법적 근거를 통해서 '무연고 사망자'에 대한 지자체장의 장례의식 시행 의무 명문화 및 관련 업무 위탁 근거가 마련되었고, 무엇보다 배우자·직계존비속·형제자매까지의 연고자가 시신 인수를 거부할 경우에 사실혼 관계 배우자 등과 같이 '장기적·지속적 친분관계를 맺은 사람'도 '무연고 사망자'의 장례를 치를 수 있는 법적 권리를 보장받게 되었다. 단, 이러한 변화에도 한계는 있다. 법적으로 무연고 사망자로 인정받는 것은 우선 '법적 가족'이 시신 인수를 거부한 이후에 가능하고, 연고자의 의사를 파악하기 위해서 보통 30일 이상의 기간이 소요된다. 이후에야 고인과 친밀한 관계의 사람에게 '법적인 지위'가 주어진다.*

그럼에도 장례와 애도에 대한 정부와 지자체의 대응이 변화하는 것은 가족 변동이 급격하게 이루어지고 있기 때문이다. 1인가구 증가와 고령화가 동시에 가속화하는 우리나라에서도 1인가구의 장례에 대한 관심이 높아지고

---

* 자세한 논의는 "가족이 아니어도 '무연고 사망자' 장례 할 수 있다", 〈나눔과 나눔〉, http://goodnanum.or.kr/?p=10047 참고.

있다. 일부 지자체는 독거노인들을 대상으로 '사전장례주관 의향 관리' 관련 사업을 전개 중이다. 서울시 강동구는 전국 최초로 시행 중이고, 여러 구에서 사업이 확대 운영되고 있다. 이 사업은 1인가구가 생전에 장례주관자, 부고 범위, 장례 방식 등을 지정한 '사전장례주관 의향서'를 받아 사회보장 정보시스템(행복e음)에 미리 등록해 두는 사업이다. 서울시 영등포구의 경우에는 65세 이상의 기초생활수급자 1인가구 중 희망자를 대상으로 의향서를 받아 위급 상황 시 연락할 가족 및 지인 등을 미리 파악하고 장례 방식도 직접 지정할 수 있도록 했다. 시범 운영에서 장례주관 의향 신청서를 제출한 독거노인은 169명에 이른다. 이들 대부분은 장례주관자로 직계 가족을 적어 낸 가운데 친구, 요양보호사, 아파트 경비원 등 친분 있는 제3자를 지정하는 경우도 있었다.

직계가족만이 아니라 고인이 지정한 제3자가 장례주관자가 될 수 있는 가능성은 최근 몇 년 동안 보건복지부가 「장사업무안내」 지침 개정을 통해 '시신이나 유골을 사실상 관리하는 자'의 기준을 구체화하면서 더욱 현실화되었다. 이렇듯 사실혼 배우자, 동거인, 고인의 유언장에 장례주관자로 지정된 사람 등이 고인의 뜻에 따라 장례를 진행할 수 있는 가능성이 열렸지만, 이것은 지침의 개정일

뿐 「장사법」상 연고자 규정의 개정이 아니라는 점에서 한계가 있다. 근본적인 문제는 「장사법」상 연고자가 혈연과 이성혼 관계 안에서만 인정되는 것과 다름없다는 점이다. 장례 과정에서 사실혼 배우자, 동성 커플, 친구 등이 장례를 치르고자 할 경우에는 「장사법」상 선순위에 해당하는 배우자, 직계존비속 모두가 연고자 지위를 포기해야만 가능하다. '시신이나 유골을 사실상 관리하는 자'라는 것은 결국 고인 된 이후에 생성되는 지위이다. 생전에 고인과 실질적인 가족관계를 맺고 있었던 사람, 고인이 유언으로 연고자나 장례주관자가 되기를 희망한 사람이라 하더라도 선순위의 연고자가 그 지위를 포기하지 않으면 고인의 의사는 아무런 효력이 없다.

또한, 「민법」상 가족이 아니라면 「장사법」상 연고자로 인정받더라도 고인의 사망진단서 발급이라는 단순한 절차조차 복잡해진다. 「의료법」 제17조에 따르면 환자가 사망한 경우 의사가 사망진단서를 발급해 줄 수 있는 사람은 환자의 직계존속·비속, 배우자 또는 배우자의 직계존속, (모두 없는 경우에는) 형제자매까지이다. 연고자인데도 고인의 사망진단서를 뗄 수 없어 장례 절차를 시작하기 위해 지방자체단체에 협조 공문을 요청해야 하는 것이 현실이다.*

　삶의 유대로서의 장례와 애도의 문화가 가능하기 위해서는 가족 상황에 따른 차별을 해소해야 한다. 가족과의 단절이 곧장 사회로부터의 단절이 되는 사회가 아니라, 존엄하게 살 권리와 존엄하게 애도받을 권리, 애도할 권리가 상호적으로 공존할 수 있는 사회. 그러한 사회적인 토대에 대한 변화를 논의해야만 한다.

---

* 　김세훈, ""20년 함께 살았어도 사망진단서 발급 못 받아"…'법적 가족' 테두리 밖, 너무 먼 애도할 권리", 〈경향신문〉, 2022.12.22.

2
퀴어의 돌봄은 어떻게

정치적 문제가 되었나

'이름 없는' 돌봄

참여자들이 장례나 애도의 과정에서 혈연가족 중심의 장례문화에 문제를 제기하는 이유는 서로를 돌본 시간, 보호자로서의 삶, 퀴어커뮤니티를 통해 맺어온 관계성으로부터 출발한다. 연구참여자들은 당연히 자신들을 애도의 주체로, 장례의 주관자로 생각하고 있으며, 그 이유는 삶을 가능하게 하는 돌봄, 사랑, 가족실천을 함께 수행해온 맥락 때문이다. 퀴어에게 애도의 정치는 사회적으로 보이지 않는 돌봄, 보호자로서의 역할, 상호 의존의 유대들을 사회적으로 출현하게 하는 것이며, 이 사회에서 시민/비시민의 자격을 구분하는 강제적인 억압의 조건들을 드러내는 정치적인 장으로 작동한다. 사회는 반복적으로 사람들을 가족이 있는 존재와 가족이 없는 존재로 구분하면서 '가족'을 기존의 폐쇄적인 가족주의 안으로 몰아넣고 있다. 퀴어들의 죽음은 퀴어만의 죽음이 아니라 사회적인 다양한 차별 속에서 생존해온 소문자 삶들의 죽음과 교차된다. 죽음은 어떤 삶을 살아왔고, 어떤 관계를 맺어왔는지와 연결되기 때문에, 삶과의 단절이 아니라 생애적인 사건일 수밖에 없다. 생애적인 사건으로서의 죽음에 주목하면 삶에서의 유대와 예기치 않은 돌봄들을 통해서 살아낸 삶이 단지 사라지는 것이 아니라, 왜 그러한 유대가 가능했는지, 왜 생존적인 돌봄과 조력자적인 돌봄을 통해서 삶이 가능했는지에 대한 조건이 드러난다.

연구참여자들은 기존 가족을 넘어 함께 유대하고 돌보는 정치의 장 속에서 생존하고, 조력하고, 연결되어 감을 보여준다. 20대인 한 연구참여자는 자신도 가난했고 집안으로부터 경제적인 도움을 받지 않았지만, 친구가 사망하기 전까지 함께 생활하면서 생활비를 자신이 지불했고, 정신병원에서도 응급실에서도 '보호자'로 당연히 불릴 만큼 돌봄을 진행해 왔다. 병원에서조차 애인도 아니고 가족도 아닌데 왜 이렇게까지 친구를 돌보는지에 대한 질문을 많이 받았다고 전하는 참여자는 함께-돌봄의 의미를 이렇게 말한다.

↳ 그냥 관계를 맺어버렸고 이 사람들 얘기를 알아버렸고. 거기 안의 뭔가를 알아버렸는데 내가 이거를, 그때부터 약간 저는 그냥 망했다라고 표현하거든요. 그럼 뭐 어떻게 하겠냐고. 어떻게 할 수 없으니까 있는 거지라고 얘기를 했는데 사실 친구에(사망한 친구) 대해서도 (주변)친구들이 끝까지 책임 못 질 거면서 그렇

게 하려고 하냐. 이런 얘기 할 때도 저는 이게 책임을 질지 말지를 내가 생각하는 건 너무 오만 아닌가 이런 생각도 가끔 하거든요. 그냥 어쩌다 보니까 내가 저 사람 슬픈 걸 알아버렸고. 저 사람 고통스러운 걸 알아버렸고. 그럼 망한 거지 뭐. 약간 이렇게 얘기를 했던 것 같아요. 그냥 약간 의도하고 일어나는 일은 별로 없으니까. 사실 그냥 관계는 어쩌다 보니 맺게 되는 거고. 모른 척할 수는 있겠지만 모른 척하기에 너무 가까워져 버렸다면. 약간 내가 선택할 수 있는가? 약간 이런 생각을 했던 것 같아요. (재희, 친구)

"내가 선택할 수 있는가"라는 질문은 모두가 그런 상황에서 동일한 정도로 돌봄을 해야 한다는 윤리를 의미하기보다는 이 말을 통해서 드러나는 생존의 조건을 보여준다. 참여자는 20대로서 원가족으로부터 경제적인 지원이 부재하고, 가족과의 유대가 단절되어 있고, 퀴어이고, 경제적으로 안정된 조건이 아닐 때, 서로가 서로의 삶의 보호자가 되는 것은 선택의 문제가 아니라는 절박한 물음을 던지고 있다.

또 다른 20대 연구참여자 또한 경제적인 지원을 전혀 받지 못하고 있고 원가족과의 불화, 경제적인 어려움, 퀴어라는 불안전한 조건 앞에서 죽음에 처할 수 있는 절박한 상황과 사건을 함께 대처하는 과정이 생존하는 삶의 기술로 이어짐을 전한다.

↳ 내가 겪어봤기 때문에 그것이 또 단순히 이렇게 내가 겪어보았다는 것을 넘어서서 그거와 유사하지만 다름에도 불구하고 그것들을 받아줄 수 있는 사람들이었던 거죠, 그 공동체가. 좀 더 구체적으로 얘기를 하자면 죽었던 친구, 제가 계속 이제 중점적으로 얘기를 했던 그 장례식도 치르지 못한 친구 같은 경우에는 제가 자살 기도를 했을 때 택시를 타고 와서 있었다가 결국에 제가 자살 기도를 했음에도 불구하고 응급실에 이제 보호자로서 계속 남아줬던 일이 있거든요. 그러니까 서로가 서로의 지지대 같은 느낌이었던 거죠. 한 사람이 무너지면 다른 사람들도 와르르 무너질 수 있다는 것을. 그렇기 때문에 누군가 그런 힘들다라는 시그널을 보내거나 힘들다고 했을 때 사실 그 신호를 제일 잘 이해할 수 있는 사람은 그 상황에 처한 사람, 처해본 사람이잖아요. (지민, 친구)

"한 사람이 무너지면 다른 사람들도 와르르 무너질 수 있다"라는 것은 상대의 삶의 조건에 바로 동일시되는 취약한 생존의 세계를 반영하고 있으며, 자신을 지켜줄 사회-없음을 드러내는 것이다. 이러한 이야기들은 누구보다 먼저 위험을 예감하고, 감지하는 '생존적인 돌봄'을 의미하며, 생존을 가능하게 하는 연결된 세계가 바로 '서로들의 존재'라는 것을 감각하는 '생존 돌봄공동체'의 성격을 보이고 있다. 이렇듯, 사회적으로 동등한 시민으로 법과 사회의 보호망이 없는 존재들에게 '생존 돌봄공동체'는 서로가 연결되는 세계를 만드는 과정이며, 동시에 나를 돌보는 의미를 내포한다. 어떻게 서로가 힘든 순간 달려가고 경제적으로 어렵지만 함께-돌봄을 지속할 수 있었는가에 대해 다음과 같이 이야기를 전한다.

> (나도) 그렇게 힘들어했고 자살 기도도 해봤으니까 그것이 어떤 의미고 어떤 심정이고 어떤 도움이 필요했었다는 걸 아니까. 그냥 그때 못 했던 나를 챙기는 느낌이기도 한 거죠. 그러니까 그런 거죠. 뭐 그때 나는 나를 제대로 챙기지 못했고 다른 사람들이 나를 챙겨주기도 했으니까. 근데 내가 그 상황에 만약에 혼자 있었다면, 내가 그런 커뮤니티를 갖지 못했고 그렇게 위로를 받지 못했었다면 어쩌면 지금 이 자리에 없었을 수도 있잖아요. (지민, 친구)

'여기에 없을 수도 있다'라는 '절박한 생존'적인 감각은 여기 이곳에 존재의 가능성과 부재의 가능성이 겹쳐져서 삶이 이어지는 조건들을 드러낸다. 또한, 사회적으로 보호되어야 하는 '시민'이 아닌 삶의 자리가 만들어내는 절박한 생존적인 토대들은 취약한 친구들을 돌보는 것이 동시에 자신을 지키는, 자신을 돌보는 의미로 확대되어서 사유됨을 보여준다.

    아래 참여자 재희는 사망한 친구의 반복적인 자살 시도와 정신적인 어려움 속에서도 함께-돌봄에 대해서 중요한 의미를 두었지만, 친구의 사망 이후에 모든 의미들이 상실되는 힘든 순간을 지내고 있다고 전한다. 그런 상황 속에서도, 어쩌면 그 친구를 돌본 것이 자신이 생존하는 방법이었고, 선택지가 많지 않은 삶에서 돌봄 관계망이 중요한 생존의 기술이지 않았을까라고 반문하면서 다음과 같이 이야기를 전한다.

> (주변에 주거공동체나 여성모임 등에서) 계속 어려울 때마다 이걸(돌아가면서 돌보는 것) 다 쓰고 나면 나는 아무것도 안 남을 텐데, 나를 돌볼 사람이 이게 내가 뭔가를 할 수 있는 게 아무것도 안 남을 텐데 어떡하지라는 게 항상 두려웠고... 근데 (사망한 친구가) 네가 나를 포기하면 나는 이제 할 수 있는 게 없는데라는 종류의 말을 할 때에 좀 그때를 생각하기도 했거든요. (재희, 친구)

"네가 나를 포기하면 나는 어떤 삶을 살아갈 수 있을까", "그냥 그때 못했던 나를 챙기는 느낌이기도 한 거죠"라는 위 참여자들의 이야기는 서로의 돌봄과 관계가 자신을 지키는 생존적인 토대임을 드러낸다. 그러나 동시에 이들은 서로와의 연결을 통해서 '시민'으로 존재했다가, 사회적으로 동등한 시민이 아닌 존재로 언제나 추방될 수 있는 삶의 불안정성을 내재한 취약한 삶의 조건을 드러낸다. 이연숙(리타)은 아메드의 말을 통해서 "누군가를 돌보는 것이 이토록 연약한 공동체에서 왜 자기 돌봄의 의미로 다가오는가"를 질문하며, "우리는 평범하고, 일상적으로, 때로는 서로를 돌보는 고통스러운 일을 통해 우리 자신을 재조립한다"라고 말한다. 이연숙은 "'나'라는 삶이 다른 누군가의 '너'이자 '우리'의 일부로서 서로 연루되어 있을 때, 이러한 '연약한 공동체'인 우리를 위해서도 우리 자신을 돌봐야 한다"라고 강조한다.*

파트너가 질병으로 사망한 퀴어활동가 수현은 파트너

---

* 이연숙, 「「퀴어-페미니스트의 '돌봄' 실천 가이드」를 위한 예비적 연구」, 『문학동네』 111호, 2022.

가 아픈 순간에 친구들의 돌봄관계망이 어떤 역할을 했는지를 다음과 같이 이야기한다.

> 그래서 이제 친구들이 단톡방을 갑자기 팠어요. 이렇게 한 11명이 단톡방을 파서 상황이 이러하고 이것을 어떻게 해야 될 것인가... 사실 (아픈 파트너가) 요양원을 나온다고 해도 그때는 본인이 이제 보행 자체가 그렇게 쉬운 일이 아니어서. 우리 집이 4층이었는데 엘리베이터 없는 4층에 올라가는 것이, 혹시 올라갔다고 해도 내려오는 것이 쉽지 않겠다라고 생각을 했는데. (친구가) 정말 큰 결심을 하고 "우리 집으로 와라"라고, 그들이 이제 결정을 했고 이 친구들이 매일매일 정말 돌아가면서 와서 (아픈 파트너를) 설득하고 요양원에서 나오라고 해서 나오고 (친구의) 집에 들어간 다음에는 본인들이 스프레드시트를 만들어서 매일매일 누가 여기 있고 누가 뭘 하고 이거를 다 만들고 주변 사람들한테도 알리고 그래서 친구들이 그냥 오늘은 누구누구 온다, 뭐 이런 것도 엄청 구체적으로 한 건 아니었는데 그냥 이렇게 친구들이 계속 왔어요. (수현, 파트너)

참여자들의 '이름 없는 돌봄'에 관한 이야기들은 시민으로 동등한 자격을 갖지 못하는 존재들이 수행하는 돌봄이 어떤 맥락에서 기존에 시민의 자격에 개입하고 있는지,

그리고 사회적으로 보호되지 못하는 존재들이 수행하는 돌봄이 왜 서로의 생존적인 조건이 되며, 그러한 유대는 왜 보이지 않는 관계망으로 간주되는지를 의제화할 필요성을 제기한다.* 즉, 퀴어에게 "서로를 돌보는 것은 사실은 매우 정치적이며 이것은 소수자에게 나를 돌보는, 나를 지키는 과정"과 만나고 있으며, 퀴어로서의 생존의 방식은 규범적인 몸, 관계, 친밀성의 정치로서는 이해할 수 없는 난잡한/문란한 친밀성 정치의 장과 연결되고 있음을 보여준다.**

이렇듯, '생존적인 돌봄'의 조건은 퀴어의 사회적인 불평등과 밀접하게 연결된다. 2021년 3,911명의 성소수자 청년을 대상으로 건강과 심리 상태에 대한 조사를 실시했다. 참여자들의 건강과 심리상태는 5점 만점에 평균 3.3점으로 나타났고, 트랜스젠더 여성은 2.9점으로, 그 상태가 심각한 수준임을 보여주었다.*** 이러한 결과는 한국보건사

---

* 사회적으로 인정되지 않지만 동성파트너를 돌본 경험에 관한 이야기는 캔디, "예상치 못했던 파트너 돌봄이 나에게 왔다", 〈일다〉, 2022.06.10. 참고.

** 김순남, 『가족을 구성할 권리』, 오월의봄, 2022.

*** 정성조·김보미·심기용·한성진, 「"나 같은 사람이 혼자가 아니구나"- 〈2021년 청년 성소수자 사회적 욕구 및 실태 조사〉 결과보고서」, 다움, 2022.

회연구원의 2020년 '청년층 생활실태 및 복지욕구조사'에서 청년 집단의 주관적 건강 상태가 평균 4.28점, 2019년 '한국복지패널'의 19~34세 주관적 건강상태가 평균 4.09점인 것과 비교하면 매우 부정적인 결과이다.* 특히, 앞의 성소수자 청년에 관한 조사에서 우울 증상 척도 16점을 넘는 응답자 1,949명 가운데 50.1%가 최근 1년간 정신과를 방문한 경험이 있었고, 43.0%가 정신과 약물을 처방받아 복용한 경험이 있었다. 무엇보다, 전체 응답자의 41.5%가 최근 1년간 진지하게 자살을 생각한 적이 있고, 8.2%는 실제로 자살 시도 경험이 있다는 것은 매우 심각한 현실을 보여준다.** 또한, 2016년 전국 2,335명의 레즈비언, 게이, 바이섹슈얼을 대상으로 비성소수자 인구집단과의 건강 차이를 조사한 연구 결과에서도 두드러지게 차이가 드러났다. 조사결과 LGB 성인의 자살 생각률은 비성소수자보다 약 6.25배(레즈비언)~10.93배(양성애자 남성) 높았으며, 최근 12개월간 자살 시도율은 약 7.11배(레즈비언)~37.65배(양성애자 남성) 높았다.***

---

* 정성조 외, 같은 글, 85쪽.

** 정성조 외, 같은 글, 86-87쪽.

*** Horim, Y., Hyemin, L., Jooyoung, P., Bokyoung, C., Seung-Sup, K., Health disparities between lesbian, gay, and bisexual

이러한 조사들은 무거운 주제이어야 할 죽음이 퀴어 커뮤니티에서는 "무거운 주제"가 아니라는 논바이너리 트랜스젠더 활동가인 민서의 말과 공명한다. "제가 정말 활동을 그만두고 싶을 때마다 사람이 죽어서 활동을 계속하고 있어요. 그런 경험들, 죽음을 경험했던 것들이 나는 더, 조금 더 열심히 살아야겠다. 이 사람의 몫까지 살아야겠다. 이 사람이 하고 싶었던 거." 민서는 '고인이 하고 싶었던 것'을 하자는 의미에서 자신은 "목격자"로서의 삶을 살아내고자 한다. 목격자가 된다는 것은 왜 특정한 집단에서 이렇게 자살시도가 많은지를 질문해야 하는 삶에 책임을 진다는 의미이며, 함께 살아낼 수 있는 사회를 만들겠다는 연대의식과 연결된다.

↳ 일단 (최근에 변희수 하사를 포함해서 사회적으로 알려지고 돌아가신 분들이) 다 트랜스젠더이시고 어느 정도 자신의 프라이드를 가지고 어떤 세상에 자신을 커밍(아웃)하고 살아가시는 분들이었고 그분들이 돌아가셨을 때는 개인의 선택도 물론 존중되어야 하겠지만 사회적으로 이 사람에게 가해졌던 차별이나 그런

---

adults and the general population in South Korea:Rainbow Connection Project I, *Epidemiology and Health*, Vol 39, 2017, p.6.

힘듦 같은 게 같이 얽혀 있기 때문에 남의 일이라고 생각이 되지 않았던 것 같아요. (민서, 단체동료)

이렇듯, 죽음에 관한 소식들은 논바이너리 트랜스젠더 활동가들이 자신의 사회적인 위치를 자각하는 중요한 순간이 되며, 비시민의 위치를 확인하는 장이 된다. 퀴어로서 사회적으로 동등한 자격을 갖기보다는 '무명'의 삶을 강제당할 때, HIV 감염인에 대한 낙인은 파트너와의 관계에서도 자신을 온전히 드러내기 힘든 구조와 연결된다. 호연은 본인의 연인이 2016년 10월 말에 에이즈가 발병하여 집중치료에 들어갔으나 2017년 1월에 임종을 했고, 애인이 입원한 이후에야 그가 HIV 감염인이었다는 것을 알게 되었다고 했다. 뇌질환이 발병하여 바로 의사소통이 어려워졌기에 서로 장기적인 관계를 약속했는데 왜 자신의 질병을 알리지 않았는지, 그리고 만약 알렸으면 자신은 어떤 감정이었을지 나누지도 못하고 삶을 마감하였다고 한다.

'대가 없이' 주는 가장 친한 친구

참여자들이 수행하는 조력자로서의 돌봄 과정은 경제적인 유대와 분리되지 않고 언제나 섞여서 작동한다. 친밀성은 경제적인 조력과 무관한 것이 아니며, 돌봄과 경제는 배타적인 영역이 아니다. 경제적인 교환은 그들의 관계에 의미를 부여하는 주요한 행위로 작동한다.* 이렇듯, 돌봄을 통해서 생성되는 유대는 경제적인 조력, 보호자로서의 위치, 어디에서 살 것인지를 협상하는 여러 갈래의 친밀성 정치의 장과 교차된다. 파트너가 질병으로 사망한 퀴어활동가 수현의 경우는 경제적인 유대가 조력자로서의 돌봄망과 분리되는 것이 아니라 함께-돌봄의 장 '안'에서 수행되는 것임을 보여준다. 파트너의 원가족은 가난했고, 장례를 치를 돈이 없었다. 그런데 호스피스에 들어가는 비용부터 친구들이 계속 돈을 모아주었고, 생각보다 엄청 많은 부조금을 내 장례 또한 순조롭게 가

---

* 비비아나 A. 젤라이저, 숙명여자대학교 아시아여성연구소 역, 『친밀성의 거래』, 에코리브르, 2008.

능했다고 한다.

> (고인의 원가족) 그 집은 가난해요. 되게 가난했고 그래서 사실 장례를 치를 돈 같은 건 없었고 (그래서) 그냥 일단 장례를 치르는데. 그전에 호스피스 들어가고 그러면서부터 친구들이 계속 돈을 모아주었고 장례식 때 부조금이 굉장히 생각보다 엄청 많이 들어와서. 고인의 페미니스트 친구들 퀴어 친구들만 있는 것이 아니라, 대학 선후배들, 운동권 선후배들 전 직장 동료들 현 직장 동료들이 되게 많아서 부조금이 내가 생각했던 것보다 훨씬 더 많이 들어왔고. (고인의) 보험금으로 (돈이) 들어왔는데 좀 남았던 금액도 있고 그래서 장례식을 치르고도 돈이 약간 남는 정도. 돈이 들어와서 다행히 별 무리 없이 그 통장에 있는 돈으로 현금과 이런 걸로 해서 치를 수가 있었죠. (수현, 파트너)

이렇듯, 돌봄공동체는 경제적인 조력과 무관하지 않다. 아래 사례의 재희 또한 친구가 사망하기 전까지 함께 생활하면서 정신적인 돌봄뿐 아니라 경제적인 돌봄까지 서로 주고받았다고 한다.

> (사망한 친구가) 저희 집에 있으면서도 언제까지 있어보자, 돈을 제가 쓰는 것도 뭐 언제 갚겠다, 이런 얘기를 피했던 것 같아

요. 친구가 가끔 상담받고 와서 꺼내려고 해도. 상담 가서도 아마 제 얘기를 한 것 같아요. 그리고 친구가 자주 얘기했던 게 네가 나랑 절교하면 어떡하지, 네가 지쳐서... 네가 지치면 너무 지쳐서 네가 나를 이 집에서 내쫓으면 그러니까 저희 집에서. 그럼 나는 입원을 해야 되나 이런 얘기들을 한 번씩 던졌는데. 제가 한 번도 제대로 된 답을 하진 않았었어요. 친구한테도 저도. (재희, 친구)

친구의 사망은 경제적인 조력을 비롯해 함께 살아온 '보호자'로서의 다양한 역할이 지워지는 과정이며, '순수한' 친구의 자리로만 이동하는 것을 의미한다. 고인의 유품도 당연히 혈연가족으로 귀속되는 상황이 벌어진다.

↳ 처음에는 부모님이 방도 빼달라고 하고, 본인들이 이제 집을 못 보시겠다고 했다가 갑자기 며칠 뒤에 연락 와서 핸드폰, 노트북을 돌려달라고 요구를 해서, 그날 지방에 있었는데 새벽에 운전해서 올라와가지고 친구들이랑 다른 친구들이 도와줘서 급하게 훔쳤어요. 책이랑 사진들이랑 이런 것들을 훔쳐서 이렇게 박스에 싸서 공간 2층에 갖다 놓고 아직 못 열었거든요. 그리고 급히 가서 정리해야 되는데 저희 집에도 신발장에 이만큼 쌓여 있고

탑엘 어플*이랑 텔레그램 이런 걸 지웠어요. (…) 그날 집을 빨리 정리하고 고양이를 빨리 정리 못 하면 보호소로 보내야겠다고 (부모님들이나 친척들이) 그렇게 얘기를 하더라고요, 협박하듯이. 협박하려고 한 건 아니겠지만 협박이기도 하죠. 그래서 그날, 훔친 날 고양이를 급하게 (다른 장소로) 옮기고 했었거든요. (재희, 친구)

고인의 죽음 앞에서 유품을 포함해 고인이 남긴 재산을 누가 가질 권리가 있는가의 문제는 정치적이며, 사회적이며 또한 저항의 영역이다. 젤라이저는 9·11 희생자에게 국가가 제공하는 금전적인 보상이 누구에게 갈 것인가를 둘러싸고 벌어진 미국의 논쟁을 통해서 친밀함과 경제적인 조력, 교환이 얼마나 밀접하게 연결되어 있는지를 볼 수 있다고 전한다. 사이가 틀어진 배우자가 오랜 시간 별거했을 때 사망한 배우자와 거주한 어머니가 지원금을 더 많이 받게 된 사례, 결혼하지 않은 동거인과 동성 파트너의 경우 함께 생활해 온 생활비 내역서를 보여주고 함께 거주한 시기 등을 국가에 증빙하면 보상금을 받을 수

---

* 가입자끼리 랜덤으로 메시지를 보낼 수 있는 레즈비언 전용 메신저(데이팅앱).

있었던 사례는 사회적으로 인정되는 관계의 지위나 자격이 경제적인 권리와 밀접하게 닿아 있음을 보여준다. 국가가 상상해 온 보상금에 대한 '당연한 자격'에 개입하면서 망자의 재산과 보상금을 정치적인 의제로 만든 이 사안은 우정, 사랑, 개인적인 돌봄 등이 기존 친족을 넘어서 공적인 자격과 지위를 갖도록 논의를 만들어가는 데 중요한 토대가 되었다.*

친밀함과 경제를 분리하면 할수록, 혹은 기존 가족 외의 중요한 관계들을 그저 돌봄만 하는, 경제와 무관한 '순수한' 관계로 규정지으면 지을수록 경제적인 권리를 갖지 못하는 이들을 향한 차별은 정당화된다. 공적인 자격의 부재는 파트너의 사망 이후 유산이나 경제적인 권리에 큰 영향을 미친다.

↳ 기대하지 않았기 때문에 아쉬움도 없었지만 내가 법적인 배우자였으면 유산이 나한테 상속되었을 거고. 집을 정리하는 것도 사실 어머니한테 다 가는 것이 아니었을 거고. 이런 것들이 계속 있게 되는 거지. 친구들이 굉장히 내가 이런 유산을 받지 못하는 것을 아쉬워했는데, 나도 내 친구였으면 되게 아쉬워했을

---

* 비비아나 A. 젤라이저, 앞의 책.

것 같은데 막상 내 입장이 되고 보니까 정말 쉽게 당연히 안 되지, 라고 생각하게 되고. 어머니가 나중에 나한테 위로금도 아니고 수고비도 아니고 유산인 건가, 돈을 좀 줬어. 돈을 좀 주셨는데 되게 그냥 고맙고 당연하다고 생각이 들지 않는데. 내가 배우자였으면 이 모든 게 정말 달랐을 거라고 생각이 드는데. (수현, 파트너)

이렇듯, 제도적으로 권리가 보장되지 않기 때문에, 원가족의 선의에 기반해서 일정 정도 경제적인 점유가 가능함을 보여준다. 그리고 파트너와 고인이 경제적인 것과 무관한 '순수한' 관계가 아닌 것으로 비추어질 때, 장례 과정에서도 큰 영향을 줄 수 있음을 보여준다.

↳ 원래 파트너가 차 명의를 나한테 넘기고 서울로 차를 가지고 와서 이런 계획을 세우기 시작했었거든요. 차 뽑은 지 얼마 안 됐었거든. 만약에 그 차가 나한테 명의 이전이 되어서 내 차가 돼 있었다? 그러면 이 장례의 모든 것이 정말 달라질 수 있었을 것이다, 그랬을 거라고 난 생각해. 재산의 무언가가 큰 것이 그들의 동의 없이 나한테 이미 넘어와 있다는 게 만약에 보였으면 뭔가 달랐을 수도 있다고 생각해. 어머님 입장에서는 나는 되게 대가 없이 가장 친한 친구이기 때문에 자기 딸을 돌봐준 사람인 건데.

(수현, 파트너)

"대가 없이 가장 친한 친구"이어야만 하는 관계로, '순수하게' 돌봄만 주는 관계로 규정하면 할수록 돌봄에서 경제는 분리되고, 고인의 유품이나 재산을 공유할 권리는 삭제된다. 원가족이 자신들의 동의 없이 파트너의 재산 일부가 자신에게 넘어왔다는 것을 알았다면, 그 순간 본인은 장례주관의 '외부자'가 되고, '순수한 애도'의 주체가 될 수 없는 존재로 규정되었으리라는 것이다. 이러한 상황은 위의 원가족만의 문제가 아니다. 재산은 당연히 법적 가족의 것으로 규정하는 「민법」이나 고인의 재산이 양도되는 것 자체를 어렵게 하는 절차로 인한 것이기도 하다.

↳ 자동차가 파트너 명의로 돼 있어서 아버지한테 상속이 됐고. 나는 이제 당장 차를 써야 되는데 내 명의가 아니라서 보험도 좀 그렇고 해서 일단은 동생이 모두 다 운전할 수 있는 보험으로 바꿔줬고. 그리고 곧바로 아버지한테 상속이 되자마자 아버지가 나한테 0원에 파는 형식으로 명의 이전을 해줬고. 나는 명의 이전을 받으면서 자동차세를 한 번 더 내고 자동차 등록세인가 이런 걸 더 내고. 그런 형태로 해서 차를 인도받고 보험을 새로 들고

뭐 이런 과정을 거쳤지. (은수, 파트너)

이렇듯, 사망 이후에 혈연가족 중심의 법적인, 사회적인 장치들은 재산에 대한 관심 자체를 '자신'의 것이 아닌 원가족의 영역으로 당연히 간주하게 한다.

↳ (사망한 파트너의) 재산이 얼마 있는지 그런 관심도 없었고, 그와 관련해서는 가족이 해야 할 몫이라 생각했습니다. (호연, 파트너)

한국 사회에서 장례는 애도의 공간이라기보다는 '친족'을 단위로 한 가산 승계의 절차로 인식되어 왔다. 따라서 법적 가족이 아닌 사람이 '가족 대신' 장례를 주관한다는 것은 '재산을 노리는 사람'이라는 사회적인 범주를 통해서만 그 의미가 공유된다. 결국, 장례 절차가 재산의 승계과정과 공고하게 연결될수록 경제적인 점유는 친족질서로 제한되고, 친족 경계를 넘는 존재들은 경제적인 권리를 '노리는' 외부자이거나, 아니면 '어떤 권리'도 가져서는 안 되는 순수한 존재로 규정된다. 순수한 애도만이 강요되는 자리는 시민으로서의 권리가 박탈되는 것을 정당화한다. 재산처분권의 포기는 돈의 문제가 아니라 살아온 흔적을 지우고 삶의 자리를 빼앗는 문제다. 결국 '순수함'을 강요당하는 것은 사회의 공적인 이름으로부터 추방된 '무명'의 자리를 강제하는 것이며, 불평등을 보이지 않게 하는 장치로 작동한다.

3
'자격 없는' 관계들이 수행하는

애도의 장에서의 차별

이름 없는 빈소

원가족이나 이성애결혼 중심으로 진행되는 장례 절차로 인해서 경험하는 차별은 공적으로 애도의 주체가 될 수 없는 여러 상황—'이름 없는 빈소', '이름 없는 관계', '공유될 수 없는 이름 없는 활동'—과 연결된다. 장례라는 사회적인 의례를 공식적으로 준비할 자격이 누구에게 있는지, 누구의 슬픔을 중심으로 그 의례가 이루어지는지, 누가 다른 사람들을 그 의례에 초대할 수 있는지는 사회적인 의제이다. '나다운 장례를 치르기 위해서는' 가족질서를 공고히 하는 「장사법」이나 장례문화와 불화할 수밖에 없다. 나로서 살아내는 저항만이 아니라, 나로서 장례를 맞이할 수 있는 권리의 장과도 만난다는 점에서 이는 시민권의 영역이 될 수밖에 없다.

'무명'의 삶과 관계는 어떻게 '무명'의 죽음으로 연결되는가. 이러한 문제를 오랫동안 사회적인 문제로, 정치적인 이슈로 제기해 온 이들이 있다. 진보적 장애인 운동은 오랫동안 열사투쟁, 열사 '사업'을 해왔다. 이 사업에서는 장애해방을 위해서 싸우다가 먼저 떠난 이들의 이름을 기억하고, 이들의 삶을 계속 불러내고, 현재의 의미를 공유한다. "열사들의 삶과 죽음 앞에서도, 여전히 바람이 불고 내 마음과 몸이 흔들리더라. 그러나 흔들림 없이 가는 것은 없다. 흔들리지 않고 장애인운동을 하겠다는 것은 허망한 약속이다. 그냥 겪어내야 한다. 현실에서 세상과 사람을 만나는 관계를 겪는 것이, 그리고 죽은 이들에 대한 기억과 함께 죽은 이들과의 관계를 겪는 것이 나를 지키는 것이었다."* 현재를 살아가는 나를 지키기 위해서 죽은 이들에 대한 기억을 불러낸다는 것은 어떤 의미인가.『유언을 만난 세계』를 쓴 이들은「기획의 말」에서 "죽은 자들이 머무는 거처, 즉 역사에는 가난한 장애인들을 위한 장소가 없다"**고 했다.

그러면서 죽음 앞에서 모두가 평등하다고 하는 말에 의문을 제기한다. "시체는 단순히 부패가 시작된 물질 덩어리가 아니다. 아무리 초라한 얼굴도 곧바로 '처리'되지 않는다. 추모의 장소에서, 시체는 살아 있는 육신보다 더 존귀한 대접을 받는다. 왜 시체를 찾지 못한 죽음이란 유난히 더 참담한가. 연고가 알려지지 않은 죽음은 왜 산

---

* 정창조 외,『유언을 만난 세계』, 오월의봄, 2021, 7쪽.
** 정창조 외, 같은 책, 9쪽.

자들에게 과제를 남기는가." 그리고 그 이유를 "죽음은 탄생만큼이나 타자와의 관계망을 더 확장할 수 있는 계기다. 감각되지 않던 삶들도 죽음 이후에야 비로소 타자들에게 음미되기 시작한다"고 설명한다. 또한 알려진 것처럼 애도는 죽은 자와 산 자의 관계 속에서 일어나고, 애도를 통해서 산 자 또한 이전과는 다른 삶을 살게 된다고 할 때, 애초에 변방에 머물렀던 존재는 죽어서도 산 자들과 결속하지 못하고 그저 뚜렷한 구분을 강화할 뿐이라고 지적한다.*

이러한 이야기들은 왜 그토록 개인과 커뮤니티의 차원에서 인정받지 못한 애도, 자격 없는 추모의 행위를 절실하게 수행해 왔는가에 대한 감각을 일깨운다. 사랑하는 이들을 떠나보내고, 그 과정을 반추하고, 그 삶과 죽음을 기억함으로써 이전과는 다르게 살고자 하는 의지가 현재를 살아가는 퀴어와 소수자에게 지대한 영향을 미치기 때문이다.

다시 말해, 무명의 죽음에 관한 고민은 곧 그이가 살아 있을 때 왜 무명으로 남겨져야 했는가를 질문하는 것이며, 그 상태에서 이 세상을 떠났을 때 산 자와 죽은 이

---

* 정창조 외, 같은 책, 11쪽.

가 의미 있는 관계를 맺는 것이 얼마나 어려운가를 절감하게 해준다.

특히, HIV 감염인의 경우에는 원가족이나 주변 지인으로부터 추모의 자리조차 없이 생을 마감할 가능성이 크다. HIV 감염인 당사자인 유진은 주변의 감염인들이 사망했을 때 원가족은 거의 대부분 장례를 거부했고, 커뮤니티 사람이 아닌 지인들에게 부고를 알리는 것 자체가 어려웠던 상황을 아래와 같이 전한다.

> HIV/AIDS 감염인 쉼터는 병원에 있다가 퇴원해야 하는데 가족이 데려가지 않거나 못하는 상황에서 갈 곳이 없는 분들이 갈 수 있는 거의 유일한 선택지였어요. 1997년에 만들어졌으니까 그때는 요양병원 같은 것도 없을 때이고. 이분들이 거기서 지내다가 돌아가시면 가족이 와서 장례하는 것은 거의 진짜 손가락으로 꼽을 정도고. 가족이 다 없어서 우리끼리 장례식장 가고 쉼터 식구들 다 가고 그리고 수사님들 다 오고 봉사자, 자원봉사자도 오고 이렇게 해서 미사하고 장례 치르고 발인해가지고 화장터 가서 화장하고. 납골당에 모시지는 못하고 유골을 한데 모으는 곳이 있어요. 거기에 뿌려주고 오죠. 대부분 벽제화장터 가서 했는데. 이게 가능했던 게 취약계층에게 무료로 장례를 해주는 ○○병원이 있었기 때문이에요. 그런데 문제는 장례도 치르

게 해주면서 염은 안 해줬어요. 그래서 쉼터 수녀님, 수사님들이 직접 해야 했어요. 다들 아일랜드, 영국, 프랑스에서 온 분들이었는데. 우리가 농담으로 염쟁이 하셔도 되겠다고 했어요. 나는 감염인들 장례에 특별히 바라는 게 없고 남들 하는 것처럼 똑같이만 할 수 있어도 좋겠다고 생각해요. 수녀님이나 직원분이 상주 노릇을 했는데 수녀님이 간호사였으니까 말기가 되면 병원에 입원을 시켜주셨어요. 대부분 병원에서 돌아가셨고. 가족들에게 다 연락을 하긴 했을 거야. 가족들이 시신 포기를 하고 쉼터 수녀님이 장례를 치를 수 있게 동의를 해줬기 때문에 가능하지 않았을까 해요. 지금은 그 수녀님이 돌아가셔서 정확하게 파악하는 게 어려워요. 지금 운영하고 계신 분은 이전에 전혀 관계가 없던 분이라 이전 사정에 대해서 알고 계실지 모르겠네요. 그런데 우리가 지인에게 연락을 하려고 해도 누구에게 무엇까지 알려야 하는지 알 수가 없기 때문에 함부로 할 수가 없었어요. 그래서 지인이 거의 참석하기가 어려웠죠. 어떻게 보면 남들밖에 없는 장례식인 거예요. 쉼터에 사는 사람들끼리는 워낙 다들 힘들게 살아오고 아프고 이런 사람들이니까 별로 이렇게 친하게 서로 얘기 많이 하고 이러지도 않았어요. 그러니까 우리도 장례식 가면 멍 때리다 오는 거야. 장례식이 슬픈 의례이지만 슬프면서 쓸쓸하고 그런 외로운 그런 장소인 거지. (유진, HIV/AIDS 감염인 쉼터 동료)

<표 6> 장례를 맡길 사람이 있는지에 대한 응답: HIV 감염인 대상

장례를 맡길 사람이 있는지 여부	인원(명)	구성비(%)
주변 사람들이 장례를 진행해 줄 것으로 생각한다	16	38.1
내 장례를 담당할 사람을 지정해 두었다	5	11.9
장례를 치러줄 사람이 없을 것이 걱정된다	8	19.0
생각해 본 적이 없다	10	23.8
무응답	3	7.1
합계	42	100.0

자료: 한국HIV/AIDS감염인연합회 KNP+,
「HIV 감염인 나이듦-돌봄 욕구 모니터링 조사 결과」, 13쪽

한국HIV/AIDS감염인연합회 KNP+에서 실시한 「HIV 감염인 나이듦-돌봄 욕구 모니터링 조사 결과」에 따르면 향후 자신의 장례를 맡길 사람이 있는지에 대한 질문에 원가족은 전혀 등장하지 않았다. "주변 사람들이 내 장례를 진행해 줄 것으로 생각한다"가 38.1%, "생각해 본 적이 없다" 23.8%, "장례를 치러줄 사람이 없을 것이 걱정된다"가 19.0%로 나왔고, "내 장례를 담당할 사람을 지정해 두었다"고 응답한 사람은 11.9%에 그쳤다.*

---

*   한국HIV/AIDS감염인연합회 KNP+, 「HIV감염인 나이듦-돌봄 욕구 모

조사에 참여한 HIV 감염인은 모두 쉼터나 요양병원이 아닌 지역사회에서 살아가고 있고, 감염인 자조모임에 참석하고 있음에도 불구하고 장례에 대한 걱정이 컸다. HIV 감염인이 살아가고 있는 삶의 조건에 대한 연속적인 고민이 필요하다는 것을 다시 한번 깨닫게 되는 지점이다. 특히 보고서에서 장례를 치러줄 사람이 없을 것을 걱정하는 8명 중 6명이 기초생활수급자로, 연령이 높을수록, 경제적 어려움을 겪을수록 걱정이 커진다는 점을 지적할 수 있다. 무명의 삶을 강제하는 사회적 억압을 밝혀내고 이에 저항할 때 비로소 무명의 죽음이 이름을 가지고, 애도가 가능한 조건 속에 놓일 수 있다. HIV 감염인과 에이즈 환자의 삶을 통해서 우리는 이것을 명징하게 확인한다.

니터링 조사 결과」, 2021.

편집된 장례식장

장례식장에서 어떤 삶을 이야기할 수 있고, 무엇을 애도할 수 있는가. 퀴어들에게는 이에 대한 해답이 당연하게 주어지지 않는다. 20대인 연구참여자는 게이였던 친구의 장례식장에서 친구의 부모가 '자신의 자녀가 어떤 아이였는지'를 물을 때 "숨이 막히는 줄" 알았다고 이야기한다. 친구가 살았던 삶을 자연스럽게 공유하지 못하는 슬픔을 언급하며, 지민은 자기가 살았던 삶이 온전히 공유되지 못하는 소수자의 위치에 대해서 다음과 같이 이야기한다.

↳ 그 친구를 어떤 추모하는 과정이나 죽음을 기억하는 과정에서도 그런 소수자성 자체가 거세된 채로 진행되어야 하고. 그러니까 말할 수 없이 진행되어야만 하고 그 친구들은 그걸 다 앎에도 불구하고, 그리고 그 친구들의 모습을 나누고 싶음에도 불구하고, 그 친구를 제대로 기억하고 싶음에도 불구하고, 얘기할 수도 없고. 그리고 거의 이제 부모와 연을 끊고 살다시피 하는 친구들도 많으니까요. 그래서 어떻게 보면 이제 가족들보다 서로가 서로를 의지하고 서로를 챙기고 서로를 오히려 죽을 위기에서 더 많

이 구해주고. 서로한테 힘이 되었던 사람들인데 정말 죽음이라는 혹은 이제 어떤 의료나 아니면 이제 다른 것에서는 저희는 결국 법적으로 외부자일 뿐이고 입을 다물어야 되는구나라는 게 너무 절실하게 느껴지는... 그것이 정말 절절하게 느껴지는 그런 현장들이었던 것 같아요. (지민, 친구)

"법적으로 외부자"라는 것은 장례 절차의 모든 권한을 원가족이 가지고 있는 상황을 의미하기도 하지만, 친구의 부고를 듣고 달려간 그곳에서, 친구의 사진 한 장 없이 빈소조차 차려지지 않은 곳에서 함께 조문 온 30명 넘는 친구들이 그냥 한켠에 우두커니 앉아 있었던 상황 또한 의미한다. 이러한 애도의 부재는 한 번의 경험만으로 끝나지 않았고, 또 다른 친구의 죽음에서도 빈소가 없어서 "죽은 친구의 장례식이 아닌 것"(지민) 같았던 슬픈 사건들로 이어졌다. 지민은 우리에게 장례를 치를 권한이 있었다면 저렇게 빈소도 없이, 저렇게 저렴한 장례용품을 사서 친구를 보내지 않았을 텐데라는 이야기를 반복했고, 자신들이 장례를 주관하지 못한 슬픔이 오래도록 남았다고 한다. 이렇듯, 이름 없는 빈소들은 사회적으로 중요한 관계로 들어오지 못하는 무수한 비시민들의 돌봄과 만나고 있으며, 혈연가족을 넘어서 생존해 온 삶이 누락되는 가족정치의 장과도 흐름을 같이한다. 또 다른 20대 참여자인 재희 또한 죽은 친구의 핸드폰 비밀번호와 현관문 비밀번호 등 모든 걸 자신이 알고 있었고, 친구의 시신을 맨 먼저 발견하고 옆을 지킨 존재 또한 자신이었다고 설명한다. 그가 핸드폰 비밀번호를 풀어서 모든 사람들에게 친구의 부고를 알릴 수 있었던 것은 사회적인 보호자로 지정된 '부모'가 모르는 그 친구의 삶을 알고 있는 존재였기에 가능했다. 이렇듯, 법적이고 사회적인 가족질서 안에서는 제대로 공유되지 못하는 이름 없는 돌봄들, 연결들, 그리고 비시민의 자리로 추방되고 마는 퀴어들의 돌봄은 사회가 상상하는 상호 의존의 관계망으로 인정되지 않는다. 결국 그것은 그대로 애도의 장으로도 이어져, 이 관계는 온전히 보이지 않게 될 가능성이 짙다.

생을 마감한 사람이 원하는 삶의 이야기가 어디까지인지를 모를 때, 그리고 어떻게 살았는지를 알게 된 주변이 어떤 반응을 보일지 모를 때, 비시민으로서의 삶의 자리는 죽음의 과정에서도 애도의 권리를 갖지 못하는 상황으로 내몰린다. '무명'의 삶들이 '무명'의 죽음으로 이어지는 것이다.

또한, 정상사회가 상상하는 생애를 살아온 자들과, 그와는 다른 생애를 살아낸 존재들에게 죽음의 순간은 이러한 두 세계가 조우하는 퀴어한 장례식장을 만들어내기도 한다.

↳ 우리가 이 친구의 본명도 몰랐고 그래서 누가 죽었다고 그랬을 때 이름도 몰라서 어떻게 찾아야 되는지도 되게 헤맸던 적이 있었거든요. 정말 얘 이름을 몰랐으면 진짜 장례식장도 몰랐을 거야. 그런 상황에서, 그러니까 우리는 이 친구의 다른 삶을 모르고, 당연히 가족들도 이 친구가 어떤 친구들을 만났는지를 모르는 거잖아요. 그래서 저는 장례식장이 하나의 되게 이상한 만남의 장이 된다는 생각도 들거든요. 그런 점에서 굳이 우리가 이 친구가 이렇게 살았다는 걸 부모한테 죽어서도 숨겨야 되나라는 생각이 나중에 좀 들더라고요. 그때부터는 그냥 가리지 않고 회원들 같은 경우에는 화환을 보내거나 이런 것들을 망설이지 않는 것 같아요. (남웅, 활동가)

연구에서 만났던 행성인 활동가와 친구사이 활동가는 성소수자 이름을 지우고 보냈던 성소수자 단체의 화환들이나, 장례식장을 방문할 때 친구가 성소수자였음을 드러낼지도 몰라 옷차림을 신경 써야 했거나, 사망한 친구가 어떤 활동을 했는지를 드러내기 힘들었던 장례식 경험을 반복하면서, 이름 없는 장례가 아니라 살면서 했던 '이름 있는 활동'들을 더 드러내는 방향으로 변화했다고 한다. 그러나 여전히 어떤 상황에서 어디까지 알릴 수 있는지가 협상해야 하는 과제로 남아 있다는 것은 자명하다.

"모든 것을 파트너에게 일임한다"

공적으로 파트너 관계로 인정되지 않았을 때 장례 과정에서의 경험은 어떠할까? 법적으로, 문화적으로 '이름 없는 자격들'은 파트너의 죽음을 마주한 참여자들에게 또 다른 삶의 위기를 만들어낸다.

↳ (모든 것을 파트너에게 일임한다라고 유언장에) 쓰여 있었지만 사실 그게 이제 법적인 절차로 들어가면 별 의미가 없는 거라 결국에는 내가 (사망한 파트너의 친)동생한테 연락을 하지 않으면 시신 인도를 받을 수가 없고. 그래서 우선적으로 경찰이 이제 나한테 연락을 했을 때 경찰 입장에서는 이제 연락처가 내 거밖에 없으니까 일단 우선적으로 나한테 연락을 하긴 했지만 그래도 가족이 와야 된다라는 걸 나한테 얘기를 해줬고. 그래서 (파트너의 친)동생한테 얘기를 제일 먼저 했고 뭐 이러저러해서 네가 지금 바로 가야 된다 그랬지. 지금 생각하면 처음부터 그게 시작인 것 같아. 그러니까 아예 뭔가 누군가가 죽었다라는 사건이 발생함과 동시에 그 가족이 그 사실부터 확인을 해야 되니까. 처음부터 끝까지 그냥 모두 가족이 권한을 가지고 있다. 그래서 만약에

그때 동생이랑 연락을 내가 뭐 안 하고 있었거나 (그러면 힘들지). 다행히 내가 연락을 오래 (주고)받고 관계가 있었고 모르는 사람이 아니고 내가 어떤 존재인지 아주 잘은 아니더라도 어느 정도 알고 있고 하니까 내가 그 친구한테 연락을 할 수 있고, 그 친구가 바로 상황을 인지할 수 있었지 안 그랬으면… 안 그러면 어떻게 해야 돼? 이런 생각이 드는 거지. 그러기 위해서라도 가족이랑 잘 지내야 되나? 이런 원가족이랑? 그런 생각이 들었습니다. (은수, 파트너)

오랜 시간 파트너 관계였고, "파트너에게 위임장을 받아두었음에도 장례 절차 전반에 걸쳐 자신으로서 파트너를 애도하고 함께 상실을 공유하는" 장을 만드는 과정은 원가족의 '선의' 없이는 어려웠다. 그의 파트너는 자신의 사망 이후 관련된 모든 권한을 파트너에게 위임하겠다는 의사를 문서화해 분명히 밝혔지만, 현실적으로 위임되는 권한은 거의 없었다. 시신 인수, 시신 확인서 등의 각종 증명서 발급과 금융거래 확인 등 관공서를 상대하는 일 등에서 파트너로서, 삶의 동반자로서의 자격은 주어지지 않았다.[*]

---

[*] 장례 과정에서 유언장의 효력 없음에 대한 자세한 논의는 푸하, 「퀴어 파

"법적인 배우자 지위였다면이라고 상상해 봤을 때 뭔가 더 달라졌겠다 싶은 구석이 있어요?"라는 연구자의 질문에 파트너를 질병으로 떠나보낸 수현은 다음과 같이 이야기한다.

↳ 엄청 많지, 엄청 많지. 일단 아플 때부터 병원에서 배우자였으면 더 많은 질문을 나한테 하지 않고, 내가 있는 게 너무 당연하고, 나한테 많은 얘기들을 했을 거고. 어머니가 왔으면 좋겠다, 이런 얘기 안 했을 거고, 호스피스 예약하러 갈 때도 본인 동의서 위임서 위임장 신분증 이런 거 다 챙겨 가야 되는데 그런 것도 사실 없어도 되는 거고. 장례식도 마찬가지고. 이제 기대하지 않았기 때문에 아쉬움도 없었지만 내가 법적인 배우자였으면 유산 상속이 나한테 있었을 거고, 집을 정리하는 것도 사실 어머니한테 다 가는 것이 아니었을 거고. 이런 것들이 계속 있게 되는 거지. (수현, 파트너)

「의료법」 제17조는 환자가 사망하거나 의식이 없는 경우에 사망진단서 등 각종 진단서 발급을 직계존속·비속, 배우자 또는 배우자의 직계존속만이 가능하게 하고,

---

트너의 장례절차」, 『퀴어페미니스트 매거진 펢』, 2021, 75-83쪽 참고.

이에 해당하는 사람이 모두 없는 경우에는 형제자매만이 발급받을 수 있다고 규정하고 있다. 이 조항은 파트너가 사망하기 전부터 모든 사후 사무가 마무리되기까지의 절차에서 지속적으로 수현을 배제했다. 시신을 인수받아 빈소를 차리기 위해서도, 매장이나 화장을 하기 위해서도, 사망신고를 하기 위해서도 사망진단서가 요구된다. 「장사 등에 관한 법률」, 「의료법」, 「가족관계의 등록 등에 관한 법률」 등 법적 가족을 요구하는 각종 법률은 씨줄과 날줄처럼 얽혀 장례와 애도의 과정에서 동반자로 살아왔던 수현의 자격을 박탈했다.

 사회에서 공식적인 자격이 주어지지 않는 것은 주변에서 제대로 된 위로를 받지 못하는 현실과도 연결된다.

> 사람들이 들어오면서부터 "아이고 ○○" 하고 들어와서 절을 하고 "아이고 ○○" 하고 나가려고 하니까 아니 아니 여기 상주고 어머니세요, 계속 설명을 해야 되고. (…) 내가 위로를 받는 것이 공식적이지 못한 것이 되니까 나도 좀 마음이 불편하고. 사실 친구들한테 내 계좌를 보내긴 했지만 이래도 될까라는 고민도 계속 들고. 단체에서 화환 보내줬는데 파트너는 그 단체와 아무 상관도 없는데 이걸 (고인의 원가족에게) 어떻게 설명해야 되지 이런 고민들이 계속 사실은 있었어. (수현, 파트너)

공식적인 배우자 지위로 장례에 참여하지 못하는 상황에서 수현은 자신을 향하는 위로를 '상실'의 공적 당사자인 고인이 된 파트너의 원가족에게로 계속해서 돌리고는 했다. 동시에 자신에게 주어지는 부의금이나 화환과 같은 물질적 위로를 온전히 받아들일 수 없었고, '위로받을 만한' 당사자로서 자기 위치를 계속해서 의심하는 불안한 위치에 놓이게 되었다. 이는 수현 본인의 가족 관계에도 영향을 미쳤다. 수현이 파트너와의 관계를 인정받지 못함으로써, 장례가 진행되는 자리에서 적절한 자리를 찾을 수 없었고 수현의 가족 또한 수현에게 중대한 애도의 사건에 참여할 수 없었다. 그럼에도 불구하고 수현은 어머니가 파트너를 잃은 자신을 위로하러 오지 않은 것에 대해 의문을 품었다. 그것은 자신에게 벌어진 사건이기 때문이다.

장례식 당일뿐 아니라 상실을 받아들이고 파트너의 죽음을 애도하는 이후의 과정에서도 관계의 이름표가 부재한 상황은 지속적인 영향을 미친다. 법적 가족과 그 외의 관계가 느끼는 슬픔의 강도를 위계적으로 구분하는 사회에서 '이름 없는 관계'는 곧 법적 가족만큼 슬퍼할 필요가 없거나 그럴 수 없는 애도의 자격으로 연결된다.

↳ 우리 엄마가 안 오는 거야. 파트너 발인 날 동생 생일이어서 엄마가 서울에 올라와 있는 거 아는데 안 와서. 엄마가 정말 이 관계를 모르나, 아나 모르나. 지금도 아는지 모르는지 모르겠고 올 거라고 기대하진 않았는데 왜 안 온 것인가에 대한 큰 의문이 아직까지 남아 있는데, 그건 좀 컸던 것 같아요. (수현, 파트너)

↳ 제일 힘든 건 슬픔을 가까운 가족 지인 친구들에게 위로받지 못했던 그런 상황들인 거죠. 그렇죠. 배우자가 아니었기 때문에 받지를 못하는 거죠. 내가 그렇게 슬퍼하면 친구가 그런(죽은) 건데 왜 이렇게 슬퍼해(라고 생각하고). 근데 이게 우리가 생각했을 때에도 그렇잖아요. 배우자 이름의 슬픔과 친구 이름의 슬픔과 또 결혼을 앞둔 연인과의 그런 사별의 슬픔은 다 다른 거니까. 근데 이제 그렇게밖에 (위로)받을 수 없는 그러한 상황이 너무 슬펐죠. 그게 가장 힘들었어요. 사실 그 지점은 지금도 남아 있는 거죠. (호연, 파트너)

호연의 경우 에이즈가 발병한 파트너 간병의 과정에서는 준보호자로서 파트너의 원가족이나 의료인들에게 인정을 받았다. 그러나 그것은 에이즈라는 질병을 대하는 것이 낯설고 갑자기 타지에 와서 아들의 간병을 해야 하는 어머니가 친한 친구로 알고 있는 호연에게 의지할 수밖에 없었던 상황에 기인한다. 평소에도 타지에서 자신의 아들을 극진하게 챙기는 친한 친구로 알고 있었기에 가능했던 것이다.

> 퇴근하면 먹을 것을 챙겨서 병실에서 간호 중이신 어머님께 가져다드렸어요. 종종 저희 어머니께서 찰밥이랑 된장국 등 소화가 잘될 만한 것들 챙겨서 주시기도 하셨어요. 저희 부모님은 형을 보러 문병도 왔고요. 형은 종종 주말을 이용해 우리 집에 가서 밥을 먹었어요. 그래서 부모님께서 형을 잘 알았죠. 그런 형이 아파 누워 있으니 같이 속상해하셨죠. 그런데 너무 슬픈 거예요. 부모님들은 단순하게 친한 친구 관계로만 알고 계시니까요. (호연, 파트너)

호연의 경우에도 에이즈라는 질병이 낯선 것은 마찬가지였기 때문에 병원에서 에이즈 상담 사업을 하고 있는 간호사로부터 많은 도움을 받았다. 하지만 장례의 과정에서도, 이후 직장에서 힘겨운 일상을 이어갈 때에도 파트너의 죽음을 경험한 배우자로서의 인정과 위로는 받지 못했기 때문에 제대로 된 애도를 해나가기 어려웠다.

↳ 이 일이 있고 나서 내가 너무 어두워지니 동료들이 많이 걱정해 주었어요. 동료들 중에선 친하게 지내는 친구로 아는 사람들도 있었어요. 같이 여행도 했고, 식사 자리에 함께하기도 했죠. 그런 친구가 병석에 누워 사경을 헤매다 저세상으로 가게 되니 위로해 주고 같이 슬퍼해 주기도 했어요. 그런데 거기까지가 한계더라고요. 만약에 아내였다면, 혹은 남편이었다면 그들이 나의 슬픔의 깊이를 좀 더 이해해 줄 수 있을 텐데 말이죠. 물론 친하게 지낸 친구의 죽음이 슬프긴 하지만, 내 일상생활에 지장을 줄 정도로 그렇게 힘든 거냐며 이해를 못 하더라고요. (…) 그 부분이 가장 힘들었던 것 같아요. 이 슬픔을 가장 가까운 사람들인 가족, 친구, 동료들에게 위로받지 못한다는 것. 그게 가장 슬펐어요. (호연, 파트너)

이러한 상황이기에 파트너의 질병의 무게를 감당하는 것 또한 오롯이 호연 자신의 몫이 되었다. 성적으로 친밀한 사람에게 옮길 가능성이 높은 질병이었기에 호연 또한 파트너가 자신에게 감염 사실을 말하지 않은 것에 충격을 받았고, 그것을 말하기 어려웠을 파트너의 감정을 가늠하며 자책도 했지만 이에 대해서 누구와도 편하게 공유하기 어려웠던 것이다. 이후에 휴대폰을 통해서 둘의 사이를 알게 된 파트너의 원가족은 호연에게 연락해서 "너도 검사를 받아보라"고 권한다. 원가족들이 호연에 대한 고마움과 미안함을 주된 감정으로 간직하고 있다고 해도 과연 이것을 파트너로서의 인정이라고 볼 수 있을 것인가.

박탈된 애도

'이름 없는 관계'로 인해 파트너의 죽음 앞에서 충분한 위로를 하지 못했던 경험은 여전히 가장 슬픈 기억으로 자리하고 있다. 제대로 된 '정동적 위로'가 불가능한 상황은 앞에서 언급한 '보이지 않는 정동적 돌봄'의 연장이며, 공적인 애도의 불가능성을 보여준다. 누가 애도할 만한 인간인지를 결정하는 규범은 사회적이고 정치적이며, 또한 공적인 애도의 부재는 상실을 상실로서 받아들일 수 없는 삶의 조건을 드러낸다.* 이러한 공적인 애도의 부재는 법적으로 자격이 주어지지 않는 현실에서 강화될 수밖에 없다.

시민으로서 자신이 원하는 사람에게 의지하고, 그와 함께 살아갈 권리가 부재하다면 그것은 죽음 앞에서도 관계성이 쉽게 지워질 수밖에 없는 조건이 된다. 이러한 권리의 부재는 회사나 일터에서 운 좋게 '편의'를 봐주어서

---

* 주디스 버틀러, 양효실 역, 『불확실한 삶: 애도와 폭력의 권력들』, 경성대학교 출판부, 2008, 69쪽.

장례를 치르는 상황으로 이어진다.

↳ (회사에서) 관계를 알고 있거나 그런 건 아닌데 이제 내가 (파트너의) 소식을 듣자마자 회사에서 (일을) 내팽개치고 나왔기 때문에 우리 팀장님도 심상치 않음을 느끼고는 있었고. 내가 팀장님한테 가서 펑펑 울면서 가족보다 더 사랑하는 사람이 그렇게 돼서 나는 지금 정상적으로 업무를 할 수가 없다, 라고 했더니 팀장님이 그렇게 약간 편의를 봐줬다고 해야 되나. 하지만 하지만! 찾아보니 회사에서 만약에 (사망한 파트너가) 내 배우자였다고 하면 100만 원인가가 나오는 거였나 뭐 이런 게 있었는데, 뭐 그런 거는 뭐 전혀 받아볼 생각도 못 했고 그렇죠.
↳ (어쨌든 휴가를 준 건 아니었잖아요.)
↳ 휴가를 준 것도 아니고 그냥 편의를 봐준 정도이고. (은수, 파트너)

동등한 시민으로서의 자리가 아니라 '운' 좋게 이루어지는 '편의의 자리'를 통해서 가능했던 장례는 삶과 죽음에 걸쳐서 퀴어로서의 삶의 위치를 확인하는 장이 되었다. 이는 동시에 애도할 권리, 애도받을 권리가 시민권의 영역과 교차됨을 드러내고 있다.

사회적으로 공적인 자격이 주어지지 않을 때, 장례 과

정은 시민의 권리로서의 당연한 애도의 장이 아니라, 관계를 설명할 공적인 언어의 부재를 확인하는 자리가 되며, 관계의 역사를 공유할 수 없는 애도의 불가능성을 자각하는 장소가 된다. 공적인 자격이 없다는 것은 퀴어 파트너 관계에서만이 아니라 생존과 돌봄에 깊숙히 연루되어 있었던 생존적 돌봄의 네트워크 역시 '이름 없는 관계'가 되어 충분한 위로와 지지를 받지 못함을 의미한다.

> 가족이라는 공동체가 한국에서 갖는 의미가 정말 크고 가족이 어쨌든 간에 법적으로 공인된, 규정된 테두리잖아요. 그렇기 때문에 가질 수 있는 권한이 많고. 결국 이제 친구들은 어떻게 보면 이제 그 가족들보다 더한 연결 지점들, 혹은 이제 나눴던 고민들을 갖고 있음에도 불구하고 그런 어떤 장례나 아니면 이제 누군가에 대해서 정말 중요한 것들은 우리가 할 수 있는 건 정말 하나도 없구나라는 생각이 되게 많이 들었던 것 같아요. (...) 화장을 한 재를 뿌리든 아니면 모시는 곳에 가서 납골당에 안치를 하든 그런 것들을 다 우리는 전해 듣기만 했어야 했거든요. 그런 것들을 좀 더 우리가 기억하는 그 친구의 모습대로 해줄 수 있지 않았을까, 그리고 그냥 적어도 그렇게 (빈소도 없이) 보내는 것보다는 더 우리가 잘 보낼 수 있지 않았나. 물론 이제 그 부모님이나 그 가족들의 입장은 또 다르겠지요. (지민, 친구)

함께 서로를 기억하고, 위로하고, 잘 떠나보낼 수 있는 애도의 과정은 연결된 삶을 감각하는 중요한 장치이다. 박탈된 애도는 애도의 주체 또한 자신의 삶이 존엄하지 않다는 사회적인 위치를 확인하는 장이 된다. 고선규는 '박탈된 애도'를 다음과 같이 정의한다. "사별에 있어서 가까운 친구, 지인, 직장 동료 관계 등 법적 가족이 아니더라도 심리적 충격을 받고 충분히 애도해야 할 필요가 있는 관계들을 사회가 외면함으로써 스스로 슬픔을 느끼는 자신을 '비정상'이라고 생각하며 애도 과정을 생략하거나 적극적으로 회피"하는 것이 박탈된 애도(Disenfranchised Greif)이다.*

이렇듯, 사회적으로 애도의 주체가 될 수 없는 관계들은 애도의 자리가 부재함을 경험하고, 스스로 애도받을 권리를 갖는 존재라는 위치로부터 미끄러짐을 경험한다. 공적으로 애도의 권리를 갖기 힘든 것은 「장사법」의 영향뿐만 아니라, 실제 장례과정에서 수의복부터 입관까지 절차 전반을 관리하는 장례지도사의 역할을 통해서도 작동한다.

---

*   고선규, 『여섯 밤의 애도』, 한겨레출판, 2021, 238쪽.

↳ 이전에 자살한 친구가 입관할 때, 사귄 여자친구가 있는 걸 부모님이 모르니까. 입관할 때 감정이 안 추슬러지니까 이렇게 (자살한 친구한테) 달려들었는데 장례지도사가 엄청 버럭 화를 내더라고요. 가족들도 있는데 친구가 왜 이렇게 하냐고 그랬어요. 근데 다른 데서도, 그러니까 지도사들이 그렇게 뭔가 되게 기존의 문법에서 벗어나서 뭔가 하면 되게 화를 낸다고 하더라고요. (재희, 친구)

슬픔을 드러내는 것 자체가 금기가 되는, 통제의 대상으로 간주되는 것은 사회적으로 중요한 관계의 자리로부터 추방되는 것과 연결된다. 공적으로 '이름 없는 자격'을 갖는다는 것은 사회적으로 중요하게 간주되는 모든 의례에서 배제될 가능성을 갖는 삶을 의미하며, '당연한' 자격을 갖기 위한 과정 자체가 투쟁이자, 정치적인 영역임을 보여준다.

이름 없는 활동들

　원가족이 장례 과정에서 고인의 친구들이 어느 정도 방문할지를 예측하는 경우는 없었다. 그 이유는 고인이 어떤 활동을 했는지에 대해 원가족과 소통이 없었고, 그리고 그러한 활동이 사회적으로 의미화되기 힘든 퀴어로서의 '이름 없는 활동들'이었기 때문이다. 부모보다 자녀가 먼저 고인이 될 때, 원가족은 간소하게 장례를 치르고자 하거나 아예 빈소를 차리지 않는 경우도 있었지만, 장례를 안 하려고 하거나 최소화하려는 데에는 올 사람이 없어서 썰렁한 장례식이 되지 않을까라는 걱정 또한 영향을 주었다. 이러한 상황에서, 어떻게든 원가족과 소통해서 빈소를 차리고, 고인과 중요한 관계를 맺은 사람들에게 연락을 돌리는 역할을 한 참여자들이 있다.

↳　(고인이) 공동체 주택에 산다는 얘기는 들었는데 이렇게 많은 사람들이 오고 뭐 활동가들이 오고 이럴 거라고는 생각을 못 하셨고. 그래서 제가 (고인이) 굉장히 열심히 활동했던 분이고 단체에서도 활동을 많이 했었던 분이라 이분을 보러 오고 싶은 사람

이 많을 거니 공지를 해도 되겠냐라고 얘기를, 부탁을 드렸었죠. 부탁을 드리고 나서 이제 오픈이 된 거예요. 빈소가 굉장히 작았어요. 테이블도 한 네 개 정도밖에 없었고, 보통 자식이 안 좋은 일 생기면 그냥 하루 하고 이제 바로 장례를 하니까(끝내니까) 그런 상황에서 오히려 원가족이 원하지 않은, 생각하지 못한 방식으로 흘러가긴 했었죠. 저희 차원에서는 어쨌든 방문을 하고 싶었고 (고인을) 기억하는 사람이 많을 거라고 생각해서 공지를 했었고 많이 많이 오셨죠. (사람들이) 바글바글했어요. (민서, 단체동료)

원가족이 이렇게 "바글바글"거리는 장례 현장을 보고 어떤 감정이었을지 우리는 추측할 수 없다. 다만, 빈소의 규모는 살아서 만들어온 유대를 상상하는 방식과 연결되고 있으며, 작은 빈소를 당연시하는 장례 절차는 삶과 죽음에 걸쳐서 만들어온 유대를 누락시키고 있다. 또한, 장례의 규모가 장례비용과 연결될 때, 부의금을 내고 방문해서 고인을 애도할 사람이 얼마나 있을까 확신하지 못하는 상황이 벌어지기도 한다.

↪ 부모님이 손님 별로 없는데 이거 다 돈이잖아요. 빈소 며칠 더 하느냐에 따라 다 돈이고 이러는데. 음식도 막 몇 인분 기준으로 해

야 되고 그래서 손님이 만약 안 오면 어떡하지... 왜냐하면 (원가족은) 처음부터 와 있었던 친척들 말고는 아무도 안 왔어요. 부모님 지인이나 친척들이 아무도 안 왔고 다 친구들이었는데. 걱정했는데 다 이렇게 이렇게 테이블 모자랄 정도로 차 있고 또 다들 안 가고 있고. (재희, 친구)

위의 사례에서 재희는 원가족이 자녀가 어떤 삶을 살았는지를 모르고, 그래서 애도할 대상이 없을 것이라고 예상한 것과는 달리, 고인이 살아서 해왔던 사회운동이나 활동의 결과로 인해서 국회의원뿐만 아니라 활동단체에서 화환을 보냈다고 한다. 참여자는 그날 장례식장에 친구들과 "쪼그려 앉아" 죽은 친구의 이름을 부르면서 "매번 살면서 뭘 할 수 있을지 고민한 너였지만, 이렇게 많은 걸 해낸 게 너야"라고 주고받았던 이야기를 전해주었다.

이렇듯, 장례의 장은 살아 있을 때 맺은 유대를 확인하는 공간이며, 고인이 어떤 삶을 살았는지를 반추하는 시간이기도 하다. 어떤 애도문화를 갖는 것이 죽음에 대한 제대로 된 의례일까? 양준석은 코로나19 이후 '작은 장례식'이 늘어나거나, 기존의 장례관습에서 벗어나 고인을 추모하는 등 방식이 다양화되는 측면도 있다고 언급한다.* 결국, 어떤 방식이 고인을 애도하는 방식인지는 정해져 있지 않지만 중요한 것은 살아서 맺어온 유대와 활동들이 장례식장에서 보이지 않아서는 안 되고, 살아온, 살아 낸 삶을 기억하고 함께 위로하는 장이 되어야 한다는 것이다.

↪ (빈소도 없이) 난 이렇게 보낼 수는 없지, 그냥 정말 딱 이거 하나였기 때문에. 아마 동생은 내가 왜 이걸 하려고 하는지도 이해하지 못했을 거고. 나중에 동생이 아마 사람들이 그렇게 많이 올지 몰라서 멀기도 하고 그때 코로나 시국이기도 하고 그래서 사람들이 많이 올 거라고 생각하지 못해서 이거는 나중에 생각한 거지만 (동생 생각에는) 언니의 장례식이 초라할까 봐 혹은 썰렁할까 봐 아예 안 하는 게 낫겠다라고 생각했을 수도 있겠다고 생각은 하기는 해. (은수, 파트너)

'이름 없는 활동들'은 어떤 의미일까? 그것은 참여자 은수의 이야기처럼 고인이 어떤 길을 걸어왔는지 투영되지 않는 장례식이며, 고인이 어떤 사람인지 아는 사람들이 함께할 수 없는 장례식이다. 결국, 고인을 기억할 수 있

---

* 양준석, 『코로나를 애도하다』, 솔트앤씨드, 2022, 43쪽.

는 장례식은 "(파트너가) 우리 곁에 없는 건 너무 슬프지만, 내 곁에 없는 건 너무 슬프지만 어쨌든 그 장례식 자체는 난 되게 좋은 이벤트였다"라고 기억할 수 있는 것이며, 애도의 불가능성을 너머 애도의 가능성을 함께 만들어가는 '함께-돌봄'의 관계적 장이다.

4
퀴어로서의 장례

: 대안적인 애도와 저항

퀴어로서의 정체성을 지우지 않기

　대안적인 애도와 저항이라는 것은 이 사회가 상상하는 '당연한 장례', '당연한 애도', '당연한 관계성'에 불화하는 장례문화를 가시화하는 것이며, 이성애규범적인 시민 모델에 기반해서 상상되는 애도의 장을 정치화하는 과정이다. 그것은 애도의 대상이 원하는 자기다운 장례가 무엇인가를 질문하는 과정이며, 어떤 애도가 서로의 삶을 기억하는 장치로서 작용하는지를 탐색해가는 것이다.

　더글러스 크림프는 『애도와 투쟁』에서 에이즈로 사망한 친구의 장례식장에서 에이즈라는 말을 꺼내지도 못할 뿐 아니라 죽은 친구의 아버지가 친구의 이름조차도 부르지 못하게 했다는 사이먼 와트니의 사례를 인용하며 HIV/AIDS를 포함하여 퀴어로서의 삶을 장례식에서 지우는 것이 어떻게 애도를 좌절시켰는지 보여준다. 크림프는 "에이즈로 고통받는 사람이 세상에 한 명도 존재하지 않는다는 듯한 침묵과 무시의 폭력도 노골적인 혐오와 살해의 폭력만큼이나 견딜 수 없이 고통"스러운 것이라고 언급했다. 장례식에서 망자가 퀴어로서 살아온 삶의 서사를 지우거나 정체성을 드러내지 못하게 하는 것은 망자가 생전에 겪어온 차별의 연장이면서 동시에 애도를 위해 모인 이들에게 가해지는 현재적인 차별이다. 크림프는 이렇게 애도가 방해받고 망자에 대한 기억을 훼손시키는 애도 과정의 폭력이 "세상을 떠난 이들을 방어하려는 '의식적인' 의지"로, "투쟁"으로 변한다고 이야기한다.*

화장실, 병원, 체육관, 탈의실 등 남녀 이외의 성별을 상상하지 않는 사회에서 이분법적으로 나누어진 공간의 규칙은 그 자체로, 모든 사람에게 남자인지 여자인지를 질문한다. 트랜스젠더, 젠더퀴어 등 성별이분법과 불화하는 당사자는 그 공간에 통용되는 성별이분법적 규칙에 맞게 자신을 조정해가는 긴장과 스트레스 속에서 괴로움을 경험한다. 장례식장에서 망자를 보내는 '예의'의 일종으로 법적 성별에 따라 여성에게 맞는 수의, 남성에게 맞는 수의를 나누고 화장(化粧)을 하도록 권할 때 친구들은 고인이 생전에 성별이분법적 사회에서 경험했던 차별을 떠올리지 않을 수 없다. 고인이 생전에 원했던 복장 등에 대해 협상해가는 과정은 고인의 정체성을 존중하는 것이면서 사후에도 이어지는 현재적 차별에 저항하는 행동이다.

---

*   더글러스 크림프, 김수연 역, 『애도와 투쟁』, 현실문화, 2021, 195쪽.

참여자 중에서 일부는 부고 소식을 듣자마자 함께 모든 것을 준비하고, 수의 하나부터 원가족과 협상하고, 그리고 장례식장에서 큰 권한을 가진 '장례지도사'를 설득하는 역할을 모두 담당하였다. 사망한 사람의 지정성별은 여성이지만 왜 치마를 입으면 안 되는지 설득하고, 또 화장을 왜 하면 안 되는지 설득했다. 이들은 원가족과 협상하면서 최대한 고민과 함께한 삶의 자리를 확보하기 위해 노력했고, 고인이 원하는 방식의 장례를 주도하고자 하였다.

> 그거 뭐라고 하죠. 수의. 치마 수의 안 입고 싶다. 화장 안 하고 싶다. 얼굴에 그런 것들. 그리고 장례식장 음식도 채식하는 친구들이 먹을 수 있는 게 있었으면 좋겠다. 뭐 이런 것들을 얘기했던 게 있어서 그런 것들을 전달을 해드렸고 처음에 부모님들은 어떻게 해야 될지 사실 모르셔서. (재희, 친구)

참여자들은 장례의 과정에서 영정이 고인이 살아왔던 모습과 다른 지정성별의 과거 사진으로 걸려 있거나, 트랜스여성에게 계속 아들이라는 호명을 부여하는 장례식장에서 거기 모인 사람들은 함께 슬픔을 느꼈다고 전한다. 애도의 장은 이 슬픔을 만드는 구조에 대항하는 것이며, 원가족이 주도하지 않은 다른 공적인 추모의 장을 만들겠다는 의지를 발현하는 것과 만난다.

퀴어-친족으로서 장례에 개입하기

 그것은 퀴어로서 살아낸 삶을 기억하는 것이며, '퀴어로서의 장례'를 통해서 삶의 연대의 장을 확인하는 애도의 정치의 장과 만난다. 인터뷰이들은 사회적인 지원과 법적인 체계가 부재하지만 어떻게 하면 '퀴어로서의 장례'를 진행할 수 있을까를 생각하면서 집단적으로 장례문화를 만들고자 했고, 만들어냈던 경험들을 들려주고 있다. 즉, 내가 원하는 자기다운 장례는 개인적으로 가능하지 않다. 기존에 법적 가족으로 규정된 「장사법」에 개입하는 것뿐만 아니라 기존의 이성애 가부장적인 장례문화에 저항하고자 하는 여러 갈래의 네트워크를 통해서 이루어진다. 그러한 퀴어, 페미니즘 활동 네트워크는 기존에 제대로 된 애도 없이 친구 또는 소중한 관계를 떠나보낸 경험을 통해서 제대로 된 애도의 자리가 너무나 중요하다는 것을 이미 집단적으로 익힌 조력자들이다.
 '퀴어로서의 장례'는 법적으로 사회적으로 관계가 없는 존재, 중요하지 않은 관계로 간주하는 장례문화에 개입하는 것이며, 그 과정은 많은 주변의 '조력자로서의 돌봄'을 통해서 가능하다.

> 나는 얘(사망한 파트너)를 여자친구 정도, 애인 정도, 파트너 정도 이렇게 이렇게 생각을 했다면 친구들은 내 위치를 좀 더 법적 아내, 법적 와이프, 법적 배우자 정도의 위치로. 너네 관계는 그 정도의 위치다라고 다 그렇게 판단을 하고 있었고. 그러니까 내 위치가 어디여야 되는지 굉장히 명확하게 판단을 했던 것 같고. 그래서 내가 나서서 "상주 하겠어요" 이렇게 하지 못할 걸 아니까 친구들이 편지를 써서 "얘가 몇 년 동안 얘(사망한 파트너)랑 이렇게 같이 잘 지냈고 간병도 엄청 잘했고 그러니까 상주로 같이했으면 좋겠다"라고 편지를 써준 것이고. 다행이었던 건 어머니가 그것을 허투루 보거나 너희들 마음이 좋다 이렇게만 본 게 아니라 진짜 진지하게, 그러니까 긴 시간 걸리지 않고 그날 바로 대답을 하긴 했지만 진지하게 고민을 했고 현실적으로 판단을 해서 네가 상주로 들어가는 것은 온 친척들과 다 이야기를 하고 왜 이렇게 되는지 다 설명해야 하는 일이라서 그게 쉽지 않을 것 같고. 하지만 상복을 같이 입자고 얘기를 해준 거지. (수현, 파트너)

위의 참여자 수현은 대부분의 조문객이 자신과 연결된 지인이었음에도 공식적으로 상주가 되지 못해서 경험한 슬픔을 언급하지만, 동시에 장례 과정에서 운이 좋았다는 이야기를 많이 한다. 그 이유는 자신이 자원이 너무 없는 20대가 아니고 40대이기 때문이다. 그리고 여러 친구들이 다양한 직업군에 있었기에 다른 퀴어들보다는 나은 상황이었다. 수현의 주변에서 수현이 공식적인 상주의 위치를 가질 수 있기를 바라며 조력한 주변인들은 파트너이면서도 상주의 위치를 가지지 못해 불안정했던 다른 퀴어 친구의 사례를 이미 여러 번 접한 경험이 있었다. 기존 장례식에서의 차별 경험은 '차별을 공유하는 공동체'였던 퀴어 공동체가 그런 불안정함이 반복되지 않게 하겠다는 '조력의 공동체'가 되도록 만든다.

연구참여자 중에서 상주로 이름을 올린 은수의 경우에도 주변의 조력자 친구들이 존재했기에 장례지도사를 반복적으로 설득할 수 있었다고 전하고, 사망한 파트너의 본명이 아니라 퀴어커뮤니티에서 사용한 이름을 부고의 이름에 올릴 수 있었다.

↳ 장례지도자가 보기에는 이 장례식이 되게 이상하겠지. 상주가 누구냐라고 물었는데 내가 내 이름도 올려달라고 했고 관계가 뭐냐라고 물었더니 친구라고 했고. 같이 사는 친구다, 가족보다 더 친한 친구다, 가족보다 내가 이 상황 이 친구의 상황을 더 잘

알고 있다라는 얘기를 계속 덧붙여 가면서 내가 상주가 되어야 하는 이유에 대해서 얘기를 했고. 그래서 그 사람이 보기에는 처음에 아마 그 세팅이 되게 이상했을 거고 그것도 이상한데 그 친구의 친구라는 사람이 또 옆에 앉아가지고 장례에 대해서 이러쿵저러쿵 얘기를 하니까 또 젊어 보이는 여자애가 와서 이러쿵저러쿵 얘기를 하니까 어처구니가 없었겠지. 그래서 그렇게 막 그래서 약간 처음에 좀 트러블이 있으려고 하는 와중에 또 다른 친구가 옆에서 이렇게 토닥토닥 수고 너무 많으셨죠, 너무 그러셨죠, 힘드셨죠, 이렇게 해서 우리 편으로 잘 만들었어. (은수, 파트너)

혈연가족이 아닌 '친구'로 인식되는 파트너가 상주를 맡고 또 그 주변의 지인들이 장례 절차에 대해 장례지도사와 의논하려고 하는 등 정형화되지 않은 장례식 상황에 장례지도사의 감정이 격해지기도 했지만, 이 역시도 친구들이 붙어서 장례지도사에 대한 감정적 돌봄을 수행함으로써 이후의 절차가 원활하게 흘러갈 수 있도록 하는 역할을 했다. 이후 수의를 정하는 과정에서도 고인이 평소에 입기를 원했던 정장세트를 입힐 수 있도록 장례지도사가 협력하게 되었다고 한다.

이러한 과정은 이 장례가 누구를 애도하는 자리이며,

누가 애도의 주체인가를 제시하는 이정표였으며, 퀴어로서의 장례문화를 만들고자 하는 '의지'를 확인하는 퀴어, 페미니스트 그룹들의 집단적인 수행의 결과로 가능했다. 은수는 파트너의 부고를 접하자마자 최근에 장례를 치러본 경험이 있고 장례와 관련된 여러 역할을 잘 수행할 친구에게 먼저 연락을 했고, 모든 것을 그 친구가 "비서실장"처럼 주도해주었다고 한다. 장례식 세팅부터 찾아오는 지인들을 따뜻하게 맞이할 숙소를 구하는 것까지 모두가 서로를 도왔고 서로를 케어했기에 페미니스트 캠프 같은 장례식이 가능했다. 그리고 그 전 과정에서 원가족이 장례에 깊게 관여하지 않는 태도를 보인 것이 가장 '운 좋은' 상황이었다고 전한다.

또한, 이러한 대안적인 장례문화가 가능했던 것은 참여자의 원가족이 자기다운 장례를 치를 수 있게 모든 경비를 지원하면서 "너 하고 싶은 대로 해"라고 이야기할 수 있는 관계가 형성되어 있었기 때문이다. 은수는 자신의 원가족들이 자신을 "배우자를 잃은 사람으로 대우해줬다"는 것이 가장 큰 힘이었고 위로였다고 한다. 자신의 어머니가 장례식장에 와서 조문을 하셨고, 절에 가서 사망한 파트너의 명복을 많이 빌어주기도 했는데, 이때 은수는 큰 위로를 받았다고 전한다. 이렇듯, 깊은 슬픔을 공감할 수 있는 '정동적 돌봄'의 장으로서의 장례식이 가지는 의미가 이토록 깊게 와닿는다는 것은 대부분의 퀴어들이 원가족이나 주변으로부터 제대로 된 위로를 받지 못할 때 느끼는 슬픔의 무게가 얼마나 큰지 이해할 수 있게 한다.

원가족 중심의 장례문화를 넘어 '퀴어로서의 장례'가 가능하기 위해서 장례 과정 내내 함께 조력할 네트워크의 역할은 결정적이다. 반면, 장례 과정을 함께 조력할 네트워크가 부재했던 호연은 원가족이 장례식을 2일장으로 마무리하기로 결정하는 과정이나 입관 등 장례 절차가 진행되는 과정에 개입하기 어려웠다. 이렇듯 퀴어로서의 장례를 실천하는 것은 개인의 선택을 넘는 사회적인 의제일 수밖에 없으며, 그러한 실천은 퀴어로서의 삶을 지우지 않겠다는 집단적인 의지의 발현이며, 삶과 죽음에 걸쳐서 생성되는 퀴어-친족 만들기 여정과 분리되지 않는다.

원가족과 퀴어의 마주침 공간

원가족이 장례식장에서 가지는 사회적인 특권은 「장사법」의 영향뿐만 아니라 혈연가족 중심의 사회적인 애도문화와도 연결된다. 혈연가족 중심성은 어떤 삶이 이상적인 부모와 자녀 관계인지를 규정하는 데 큰 역할을 했고, 동시에 이성애 성별이분법에 기반을 둔 관계의 모델을 정당화했다. 그러나 혈연가족 중심의 가족주의가 공고한 사회 속에서도 가족주의와 불화하는 경험들은 언제나 존재하고, 규범적인 가족주의와 다른 관계성이 생성되고 있는 것은 자명하다. 새로운 관계의 생성은 원가족에게도 해당되며, 장례식장에서 만난 고인의 소중한 관계들을 통해서도 '당연한 삶'은 없다는 것을 자각하는 사건이 된다. 원가족이 상상하는 자녀의 생애와 다른 생애를 살아온 고인의 삶이 접속되는 '이상한 만남'의 장이 또한 장례식장임을 앞서 언급했다. '이상한 만남'의 장이라는 것은 원가족에게 삶의 서사를 '온전히' 드러낼 수 없는 조건에 놓였던 퀴어의 위치가 드러난다는 의미이지만, 애도의 과정에서 원가족 또한 자녀와 함께 살아낸 관계들에 대한 존중과 새로운 연결을 보이기도 한다. 다음의 두 사례는 '퀴어로서의 장례'에서 원가족은 외부자가 아니라, 퀴어와 서로 섞이면서 '오염'될 수 있는 가능성 또한 존재함을 보여준다.

↳ 예전에 (행성인) 친구가 떠났을 때 우리가 가서, 정말 정말 많이 갔었거든요. 그 장례식장에 많이 가서 정말, 이 친구를 기억하는 애들이 감정이 격해져서 거기 안에서 자기가 주인공인 것처럼 아주 그냥 울고 불고, 난리도 아니고 이래서 옆에 있는 엄마 아빠가 되게 당황하고 이런 것들이 있었는데 그러니까 커밍아웃이 잘 되지 않았었던 것 같아요. 유서에다가도 자신의 트랜지션 과정을 또 쓰기도 하고, 근데 우리는 몰랐고 (원가족) 집에서도 몰랐고. 이게 정말 새로운, 낯설지만 되게 새로운 어떤 만남의 장이 됐었던 것 같거든요. 근데 여기서는 어머니가 그래도 우리를 예쁘게 봐줬는지 사십구재까지도 같이 가자. 얘가 또 사십구재를 하고 싶은 데를 적어놓은 거야, 정말 이상한 곳이었거든요. (웃음) 나중에는 어머님이 우리를 몰래 불러서 너희 어떤 애들인지 안다, 이러면서 후원금을 주기도 하고. (...) 다행히 어쨌든 이 친구의 납골당 부스, 거기 가면 되게 무지개가 많고, 트랜스 깃발 같은 것도 가끔 달려 있는 것 같고. (부모님이) 그런 것들을 좀 봐주는 것 같아요. 이게 어쨌든 살아 있을 때 잘했으면 어땠을까,

뭐 이런 생각도 좀 들고, 여러 가지 풍경들이 만들어지는 것 같아요. (남웅, 활동가)

↳ 어머님이 이제 찾아온 분들한테 다 뭔가 고맙다고 상품권을 이렇게 나눠 주시기도 하고. 다 이렇게 다 불러가지고 이제 활동가 분들한테 나눠 주고. 오신 분들한테 나눠 주고. 그리고 발인하러 가서 입관할 때 관을 활동가들이 다 들었던 걸로 알고 있어요. (민서, 단체동료)

이렇게 관계가 변화되는 모습은 퀴어로서의 삶과 죽음 전 영역에서 원가족이 경계 밖의 존재들이 아니라 서로의 삶 안으로 섞일 수 있는 가능성을 지니고 있음을 보여 준다. 그것은 장례식장에서 기존 가족질서를 넘어서는 '문란한' 애도와도 연결된다.

↳ 그러니까 저는, 제가 들었던 얘기는 그거거든요. 우리가 버스 한 대를 전세 내서 장지까지 같이 막 따라가고 이랬었는데 나중에 화장까지 하잖아요. 화장을 하는데 한 명씩 돌아가면서 얘기를 하는데 가족들 서 있고, 나는 또 '너는 이렇게 너는 원래 뜨거운 애였다. 몸이 뜨거워서 네가 스킨십을 좋아하는데 난 그걸 싫어했다. 미안하다' 이런 얘기를 하는데 옆에 엄마가 자꾸 놀랐다고

하는 이야기들, 이거를 정말 쏟아내는 게 너무 중요하다. (남웅, 활동가)

고인의 삶의 서사를 드러낼 수 있다는 것은 어떤 의미일까? 원가족은 몰랐던, 혹은 외면했던 고인의 삶을 직면함으로써 새로운 사후적 관계로 진입할 수 있는 문이 열릴 수도 있다. 원가족의 이러한 변화 가능성은 장례식장에서 '휘발된 슬픔'으로 애도가 멈추지 않도록 하는 중요한 조건이 될 수 있다.

↳ 저는 (남겨진 관계들을 부모님이 받아들이지) 않으면 장례가 별 의미가 없어질 것 같기도 하거든요. 그러니까 부모와는 이미 거리가 확실하게 있고 이 사람에 대한 기억들을 가지고 뭔가 이야기들을 나눌 수 있고 계속해서 기억을 할 수 있어야 되는데 그 빈자리를 채울 수 있는 게 없으면 정말 휘발적인 슬픔의 감정만 딱 남는 거잖아요. 그래서 그거는 정말 어쩔 수 없어, 어쩔 수 없는 거다라는 생각이 좀 들어요. 나중에 이런 파트너들을 인정하지 않았을 때 유가족들이 나중에 가질 후회도 무시할 수 없을 것 같거든요. (남웅, 활동가)

원가족이 고인의 삶을 인정하는 것은 고인이 홀로 살

아온 것이 아니라 관계 속에서 살아낸 존재라는 것을 받아들일 때 비로소 이루어진다. 따라서 어떤 삶을 살았는지를 원가족에게 들려주는 것은 퀴어커뮤니티의 중요한 과제이다.

↳ 원가족뿐만 아니라 (고인과) 친밀감이나 관계를 맺고 있던 사람들이 장례식장을 같이 만들어가거나 협의해가는 것에 대해서, 너무나 그런 게 중요하다고 저는 생각했어요. 사전에 그런 분위기를 만들기 위해서는 가족들한테는 커밍아웃을 하거나 아니면 이미 원가족뿐만 아니라 내 아들딸을 같이 지키고 있는 사람들이 있다는, 존재를 잘 드러내야 되는 것 같아요. (...) 그래서 저는 그 장례식장이 이후로도 그렇고 늘 (하는 생각이) 원가족들, 특히나 형제자매는 (내가) 어떤 사람들과 관계를 맺었었는지 그 사람의 연인, 친구의 이야기를 잘 듣는 사람들이에요. 지금 우리 세대를 보면 부모님이 잘 못 받아들여서 그렇게 되는데, 이제는 좀 그걸 좀 적극적으로 (이야기)해도 되지 않을까 싶어요. 그래서 저도 그래야 되겠다는 생각은 좀 많이 들었던 것 같고. 그러니까 원가족 내 부모님은 아니더라도 누나나 형한테 내가 어떤 사람들하고 지내고 있는지를 계속 이야기를 해야 되는 것 같다, 내 주위에 어떤 사람들이 있다, 외롭지 않다거나 그런 이야기를 좀 자주 해야 되는 것 같았어요. 그래야 어떻게 내가 원하는 바대로 장

례가 치러질지에 대해서 이야기할 수 있을 것 같았고. (종걸, 활동가)

퀴어로서의 애도의 장은 '당연하게' 주어지는 것이 아니며, 하나의 모델이 존재하는 것 또한 아니다. 원가족이 누구냐에 따라서 고인의 삶이 전혀 드러날 수 없는 장례도 있고, HIV 감염으로 인해서 고인이 커뮤니티 안에서도 자신의 질병을 드러내지 못하고 삶을 마감한 경우도 존재하며, 고립된 삶을 살았기에 고립된 죽음과 박탈된 애도의 과정을 경험하는 등 여러 갈래의 불평등이 퀴어의 삶의 조건을 구성하고 있다. 결국, 퀴어로서의 애도가 가능하기 위해서는 고립되지 않은 생을 만들어가는 것이 중요하다. 그것은 누군가의 죽음이 사회적인 낙인과 편견으로 인해서 '보이지 않는' 것으로 남는 게 아니라, 존엄한 죽음의 의미를 사유하는 사회의 장을 생성하는 것을 의미한다. 애도는 장례식 '안'에서만이 아니라, 왜 어떤 죽음은 애도조차 불가능한지, 왜 이 사회가 그런 삶을 살게 내버려두었는지를 집요하게 묻는 것이며, 배제된 자리가 아니라 삶 '안'에서 함께 존재할 수 있는 가능성을 찾아가는 여정이다.

5
퀴어커뮤니티의 애도

: 무명의 죽음에서
이름 있는 삶으로

한국 사회의 퀴어들에게 비슷한 정체성으로 엮인 온·오프라인 퀴어커뮤니티는 혈연가족과 차별화되는 중요한 사회적 관계의 일부이다. '한국 LGBTI 커뮤니티 사회적 욕구조사' 결과를 보면, 조사에 참여한 퀴어 중 어머니나 아버지에게 자신의 정체성을 밝혔다는 응답이 각각 21.8%, 10.8%이며, 앞으로 커밍아웃을 할 것이라는 응답도 낮았다. 원가족에게 정체성을 감추며 거리를 두고 있는 것과는 대조적으로, 응답자 90% 이상은 '비슷한 정체성을 가진 이들과의 친교', '연인을 찾고 안전하게 사귈 수 있는 공간', '정체성을 이해하고 살아가는 데 도움이 되는 정보'를 찾기 위해, 혹은 '사회를 변화시키기 위한 활동에 동참'하기 위해 온·오프라인 퀴어커뮤니티에 참여한 경험이 있다고 답했다.*

퀴어커뮤니티 구성원들은 "어찌 보면 가족보다 더 끈

---

* 나영정·김지혜·류민희·이승현·장서연·정현희·조혜인·한가람, 「한국 LGBTI 커뮤니티 사회적 욕구조사 주요결과」, 한국게이인권운동단체 친구사이, 2014, 19쪽.

끈하고 돈독한 시간을 보내고 있는 사람들*이라고 자신들을 표현하며 혈연보다 친밀한 관계, 퀴어-친족으로서의 유대감을 드러내기도 한다. 이들은 소외됨의 경험을 공유하고, 트라우마 속에서 깊은 애정, 세심함을 나누고 위안을 찾으며 끈끈하게 연결되어 있다고 느끼는 관계이다.** 따라서 퀴어의 죽음은 한 사람의 죽음에 더해 이러한 연결, 유대, 관계의 상실이다. 퀴어 공동체에서 죽음의 충격은 더 잔혹하며, 퀴어의 애도는 이 두 가지 측면의 상실에 대한 애도이다.

오프라인을 중심으로 형성된 퀴어커뮤니티는 때로 구성원이 생을 마감한 장소가 되기도 했고, 갈 곳 없는 유품을 보관하는 곳, 낙서장과 같은 고인의 흔적이 남아 있는 곳이 되었다. 단절된 원가족을 대신해 장례를 치르는 사람들이자, 마지막까지 누구보다 강한 유대감을 나누는 관계가 되기도 했다. 남겨진 커뮤니티 구성원들은 상복을 입지 못할 뿐 유족과 다름없는 슬픔과 상실감을 경험한 적

---

* "[공지사항] 2020 재회의 밤", 〈친구사이〉, www.chingusai.net/xe/notice/609145

** Pavithra Prasad, In a Minor Key: Queer Kinship in Times of Grief, *QED: A Journal in GLBTQ Worldmaking*, Vol 7, Number 1, 2020, p.114.

이 많았다. 이런 슬픔과 상실감이 집단적인 애도의 장을 추동하는 조건이 되었으며, 퀴어커뮤니티는 작은 사무실, 홈페이지 게시판, 전시관, 공연장, 광장에서 고인들을 매개로 살아 있는 이들이 결속하고 연대하는 추모의 공간을 만들어왔다.

장례식장에서 미처 못했던
'우리끼리'만의 애도: 친구사이

    동성애자와 HIV/AIDS 감염인의 인권을 위해 1994년 2월, 7명의 게이 남성들이 번듯한 사무실도 없이 '친구사이'를 결성하며 한국 성소수자 인권운동의 서막을 열었다. 초창기 친구사이는 '게이 남성의 만남의 장소'*라고도 여겨졌던 종로 게이커뮤니티에 선뜻 발을 들여놓을 용기가 없는 사람들이 "그나마 인권단체라는 얘기를 듣고 문을 두드리는"** 곳이었다고 한다. "자취방 같은 곳에 젊은 남자들이 복닥거리며 앉아" 일했던 마포 연남동 사무실 시절을 지나 1998년 낙원동으로 이사하며 드디어 "게이들의 메카인 종로에 입성"했고,*** 이후 지금까지 가장 오래된 성소수자 인권단체로 변함없이 자리를 지키고 있다. 그 시

---

*   이서진, 「게이 남성의 장소 형성-종로구 낙원동을 사례로」, 『지리학논총』 제49호, 2006, 23-44쪽.

**   "[기획] 〈친구사이 20년사 톺아보기 #01〉 - 성소수자 인권운동, 문을 열다", 〈친구사이〉, https://chingusai.net/xe/newsletter/397988

*** "[기획] 〈친구사이 20년사 톺아보기 #04〉 이사의 역사 - 친구사이 사무실 변천사", 〈친구사이〉, https://chingusai.net/xe/newsletter/410456

평소 모임과 활동으로 분주한 친구사이 사무실이 2023년 <재회의 밤> 행사를 위해 잠시 추모의 공간으로 바뀐 모습이다. 고인들의 영상을 보는 시간, 사무실은 암전되어 어두컴컴하다. 제사상의 촛불이 고인들에 대한 기억처럼 밝게 빛나고 있다.

사진제공: 한국게이인권운동단체 '친구사이'

간 속에는 "날카로운 아픔*"의 흔적이 남아 있다. HIV 감염인으로 너무 일찍 생을 마감한 친구들의 죽음이 그러했다.

에이즈에 대한 낙인이 지금보다 훨씬 잔혹했던 1990년대 중반에는 감염인이라는 사실을 커뮤니티에서조차 드러내지 못했다. 1995~96년 친구사이 부대표를 지냈던 오준수는 동성애자 인권운동 활동가이기 이전에 HIV/AIDS 인권운동가였고, HIV 감염 예방 활동과 커뮤니티의 중요성을 절감해 친구사이 결성에도 함께했다. 자신의 감염인 정체성을 터놓지는 못하더라도 예방의 중요성을 커뮤니티에 알려야 한다는 신념이 그에게는 활동의 중요한 동력이었다. 그러던 중 건강이 악화되면서 1996년 활동을 중단했고, 1998년 9월 13일 영면했다. 친구사이 사무실에는 회원들이 쓴 낙서장이 있는데, 그가 쓴 낙서도 여기에 고스란히 남아 있다. 커뮤니티를 방문하는 회원들은 20년 전 쓰여진 이 낙서장을 통해 "사무실에서 사람들을 맞이하는 역할***"을 하며 "회원들을 좀 더 챙기고, 커뮤니티에 조금 더 다가가고자" 했던 고인의 마음을 읽을 수 있다.

---

*   〈친구사이〉, 같은 글.
** 5장 '친구사이'의 글에서 제시된 인용은 특별한 언급이 없는 한 종걸 활동가의 인터뷰를 인용한 것이다.

2006년 말부터 친구사이 활동을 한 스파게티나(활동명)는 "이 사람을 빼놓고 그 시기를 생각하지 못할 정도로 너무나도 임팩트 있었던 사람"이었다. 본인 스스로도 커뮤니티 활동을 하던 그때를 인생의 황금기라고 표현했다. 그는 다양한 친구사이 구성원들이 커뮤니티로 향하는 발걸음을 계속하도록 에너지를 주는 사람이었는데, 종결 활동가는 2009년 그의 죽음 이후 다시 이런 에너지를 복원하기가 쉽지 않았다고 토로했다. 스파게티나 역시 감염 사실을 커뮤니티 구성원들에게 말하지 않았다. "우리는 왜 그가 (감염인이라는) 그 이야기를 자연스럽게 하지 못하게 만들었을까?" 그의 임종과 장례를 곁에서 지켰던 사람들은 이 같은 생각을 하면서도 당시 이 문제를 충분하게 논의하지 못했다. 고인의 가족들도 그 이야기를 꺼내기 원치 않았다. 그리고 몇 년 지나지 않아서 2012년 추석 전날 친구사이 대표를 지냈던 돌멩이(활동명)의 부고가 전해졌다. 그는 친구사이뿐만 아니라 외부 활동도 활발하게 하면서 성소수자 운동에 중요한 역할을 했는데, 2008년 즈음 지역으로 가면서 소식이 뜸한 상황이었다. 나중에야 구성원들은 그가 감염인이었다는 것을 알게 되었다. 이후부터 커뮤니티 안팎의 HIV/AIDS 이슈에 대한 접근 방식에 변화가 있었던 것으로 보인다.

↳ 어느 정도 그 시기가 지나니까 우리도 (HIV 감염에 대해) 이야기하자 이렇게 되는 것 같았어요. 오히려 이야기하지 못하는 게 더 문제라는 생각을 했어요. (...) 기회가 있을 때마다 'HIV/AIDS 감염으로 돌아가신 스파게티나 형' 이런 식으로 이야기하거나 (...) 이렇게 뭔가 언어로 말해질 때 더 빠르고 쉬워지는 그런 게 있으니까, 필요하다고 생각했어요. (종걸, 활동가)

재회의 밤

전통적인 장례 관습에서는 죽음을 호상과 악상으로 나누는데, 자손과 친지가 지켜보는 가운데 천수를 누리고 죽는 것을 호상이라고 보았다. 젊은 나이에 죽은 자, 결혼하지 않은 자, 자식이 없는 자의 죽음은 악상으로 보고 의례를 생략하거나 간소하게 장례를 치르고 여러 금기를 만들어두기도 했다.* 전통에 기반한 혈연가족 중심의 장례와

---

* 임장혁·오세원, 「장례에 있어서 부정과 공동체의 대응-충청남도 사례를 중심으로」, 『남도민속연구』 제19호, 2009, 219-246쪽; "평생의례-상례", 〈진천향토문화백과〉, https://jincheon.grandculture.net/jincheon/toc/GC02701342?search=H2/1

애도에서 퀴어의 죽음은 생략과 배제, 금기의 대상이 되기 쉽다. 퀴어커뮤니티는 대안적 애도를 통해 이러한 호상과 악상이라는 구분에 개입하고 있다.

오준수의 임종과 장례는 전통적인 의미에서 간소하고 생략적이었을지 몰라도, 고인이 마음에 들어 할 만한 퀴어한 장례식이었다. 미리암 수녀님의 헌신으로 세워진 국내 첫 HIV/AIDS 감염인 쉼터에 그는 첫 입소자였고, 그곳에서 임종했다. 윤 가브리엘(2010)에 따르면 "그의 임종에 14남매나 되는 가족들은 오지도 않아 '친구사이' 회원들이 그의 임종을 지켰다. '친구사이' 회원들이 치른 장례식에는 그가 좋아한 나나 무스꾸리의 음악을 틀어놓고 영정 앞에 놓을 국화꽃도 일일이 포장한 아름다운 장례식이었다고 한다."[*] 2008년 고인의 유골을 수목장으로 이장할 때에도 친구사이 회원들이 입회한 가운데 미리암 수녀님이 이장식을 집전했다.[**]

스파게티나의 장례는 조금 달랐다. 그의 가족들과 친구사이 구성원들이 평소 잘 알고 지내던 사이라 "우리가

---

[*] 윤 가브리엘, 『하늘을 듣는다: 한 에이즈인권활동가의 삶과 노래』, 사람생각, 2010, 123쪽.

[**] "[활동스케치 #2] HIV/AIDS 감염인의 벗 고명은 미리암 수녀님 선종", 〈친구사이〉, https://chingusai.net/xe/newsletter/595546

'2023년 재회의 밤'이 친구사이 사무실에서 열리고 있다. 영정과 음식이 올려진 '제사상'은 무지개색 커버로 덮여 있고, 그 옆에서 종결 활동가가 추모모임을 진행하고 있다. 참석자들은 테이블에 둘러앉아 음식을 나눠 먹으며 종결의 설명에 귀 기울이고 있다.

사진제공: 한국게이인권운동단체 '친구사이'

지내고 싶었던 대로" 장례를 지낼 수 있게 일종의 '협상'이 가능했다. 이후 3~4년 동안은 매년 일산 근처 추모관에서 그의 가족들과 함께 기일을 보냈다. 고인이 생전에 몸담고 있었던 친구사이 게이합창단 '지보이스' 공연에 가족들을 초대하기도 했다.

추석 전날에 갑작스럽게 떠난 돌멩이의 경우 대구에 빈소가 차려졌는데, 지역까지 가지 못하는 회원들끼리 커뮤니티 공간에 빈소를 차렸다. 사무실이 위치한 종로는 주변에 향로를 구할 수 있는 가게들이 있고, 추석 바로 전날인데도 문을 열고 전을 파는 집들이 즐비하고, 바로 옆에 떡집도 있어서 급히 빈소를 꾸리기에 부족함이 없는 곳이었다.

↳ 향로 사서 향을 피우고, 촛불을 피우고, 전을 준비해 오고 누구는 떡을 사 오고. 이렇게 역할 분담을 하면서 갑작스럽게 상을 차려 놓고 빈소를 만들었죠. 근데 이 경험을 했던 사람들이 이런 게 필요하다고 느낀 거예요. (종걸, 활동가)

이를 계기로 친구사이는 매년 추석 전날 고인을 기억하는 자리를 마련했다. 2015년부터 추모제로 모임 규모가 커졌고, 2019년부터는 〈재회의 밤〉이라는 공식 행사로 이어가고 있다. 명절이면 견뎌야 하는 원가족과의 갈등이나 우울감 대신 "우리끼리라도 모이는 날"을 정해두고, "그가 좋아했던 노래를 틀어두며 떠난 사람을 생각하고, 그러면서 우리끼리 놀고" 즐기는 시간이다. 〈재회의 밤〉은 마치 예전에 명절이면 먼 친척이 오듯이 커뮤니티 활동이 한동안 뜸했던 회원들, 오랜만에 보는 사람들이 와서 "서로 사는 이야기를 듣는" 흔치 않은 시간인 동시에 고인을 만나본 적이 없는 사람들도 와서 추모와 애도의 과정을 통해 "고인과 관계된 일들이 너무 정말 많다는 것들을 자연스럽게 알게 되는" 자리이기도 하다. 추모제에 "지인, 파트너, 가족이 올 수 있도록 하는 것, 직접 오지 못하더라도 이런 자리가 있다는 것들을 기억하게끔 하는 것, 이런 목적을 가지고 이어오고 있는 행사"이다.

종걸 활동가는 단체의 추모 활동을 언급하며 '우리끼리'라는 말을 자주 사용했다. 이 말 속에는 고인이 바라는 방식으로 가장 잘 애도할 수 있는 사람이 바로 우리이며, 동시에 고인을 기억하는 시간을 통해 우리끼리 서로의 상실감을 돌보는 시간이 필요하다는 의미가 담겨 있다. 오랫동안 사회적 편견과 차별에 시달린 퀴어들이 "우리끼리"라도 모여 집단적 슬픔을 나누는 추모의 장은 그저 고인을 기억하기만 하는 시간이 아니라 "우리 친구들을 마음

껏 추모하고 우리 존재를 스스로 기억하는 걸 배우고 또 우리 공동체의 건재함을 자축"하자는 메시지를 서로에게 전달하며 공동체의 결속을 다지는 과정이다. 고인이 좋아 했던 노래는 어느새 클럽 음악으로 바뀌고 "귀신이 왔나 몰라, 귀신이 잘 왔다가 갔겠지" 같은 농담을 나누다 보면 그 자리를 통해 함께 비극적인 감정을 넘어서 전진할 힘을 얻기도 한다. 편 가르고 배척하겠다는 의미의 "우리끼리"가 아니라 소외됨의 감정과 맥락을 공유하는 "우리끼리"의 추모이기에 이런 자리는 퀴어 당사자들에게 특별한 의미를 준다.

고 오준수에 대한 추모는 HIV/AIDS 감염인 쉼터에서도 매년 열린다. 원가족과 완전히 단절된 채로 쉼터에 머물렀던 많은 에이즈 환자들이 쉼터에서 삶을 마감하였다. HIV/AIDS 운동 활동가인 유진은 수녀님이 운영한 쉼터를 거쳐 갔던 이들을 위해서 일 년에 한 번 열리는 위령미사를 에이즈 환자를 위한 추모의 자리로 의미화하고 참석하고 있다. 장기요양과 장례에 대해서 그 어떤 사회적인 지원도 없을 때 가족이 거부한 에이즈 환자가 갈 수 있는 곳은 쉼터가 유일했고, 여전히 어떤 이들에게는 유일한 대안이 되고 있다. 그 장소를 거쳐 간 이들을 기억할 수 있는 자리가 계속 마련되고 있다는 것 자체가 매우 감사한 일이기에 참석해서 함께 애도를 하는 것이다. 하지만 종교단체가 여는 행사이기 때문에 여러 가지 삶의 맥락을 드러내거나 장애인 운동이 하는 것처럼 사회적인 자리를 찾는 데에는 한계가 있기에 유진은 HIV 감염인 단체가 이러한 자리를 마련할 필요성을 느끼고 있다.

결국 '우리끼리'라는 말은 고인이 된 당사자의 입장을 이해하고, 당사자와 비슷한 삶을 살아가고 있는 이들이 주도해서 사람들을 초대할 수 있는 애도의 자리를 의미하는 것이다.

↳ (HIV/AIDS 감염인 쉼터를 거쳐 간 분들을 위한 위령 미사에 참여하는 것이 어떤 의미예요?)
↳ 가고 싶지 않은 곳이기도 해요. 이게 그들이, 그들의 죽음이 얼마나 쓸쓸한지… 가족들이 슬퍼해 주지도 않고 슬퍼하는 것조차도 안 해주는 세상 때문에, 사람들 때문에, 가족들 때문에. 그렇게 이제 특별하게 돌아가신 분들이 너무 많으니까 고독사 중의 고독사지.
↳ (그래도 참석하는 이유는 뭐예요?)
↳ 수녀님 때문에 간 거지. 지금도 마찬가지고 후임으로 오신 분도 이어서 하시는데 얼마나 또 힘드시겠어. 그렇게 해주는 것도 또 고마운 일이기도 한 거니까. 그렇게라도 기억해 주는 누군가가

있다는 게... 물론 그분들을 또 우리가 기억해야 되는 것도 당연한 거지만. 우리만 기억하는 게 아니라 우리 말고도 그렇게 기억해 주는 또 누군가가 있다는 게 고마워서 가는 거죠. 그때 그 장애인분들 화재로 못 빠져나와서 돌아가신... 그분 추모하는 그런 자리에서 ○○형이 그랬어. "아유 그래도 추모 행사 같은 거라도 해주니 그래도 그나마 낫네." 이런 얘기를 하는 거지, 우리는 위령미사 아니면 따로 추모해 주는 그런 게 없으니까. 특히 감염인 단체가 하면 더 의미 있을것 같아요. (유진, HIV/AIDS 감염인 쉼터 동료)

추모의 공간을 만드는 노동, 연결된 모두를 챙기려는 마음

〈재회의 밤〉 이전에도 커뮤니티 활동가들은 매년 기일을 챙기며 추모의 공간을 열었다. 때로는 사무실보다 열린 공간에 애도의 자리가 마련되기도 했다. 고인을 기리며 만들었던 유고집과 기록물이 작품의 형태로 전시되기도 했는데, 친구사이 활동가들은 작가에게 자료를 제공하는 방식으로 특별한 추모의 공간을 구성하는 데에 협력했다.* 먼저 떠난 친구들을 생각하며 만든 노래는 '지보이스'의 여러 공연 무대에서 합창과 퍼포먼스로 애도의 시공간을 채웠다. 커뮤니티 공간 안팎에서 추모 행사를 하는 것은 커뮤니티 구성원들의 노동 없이는 불가능할 뿐만 아니라, 유무형의 자원이 필요한 일이다. 친구사이에서 〈재회의 밤〉 준비팀을 오래 담당하고 있는 종결 활동가는 "집에서는 제사를 지내지 않지만, 여기 와서 제사를 지내는 전문가가 되는 그런 느낌"이라고 말하며, 충분한 애도와 추모의 시간, 공간을 준비하는 것이 "진짜 마음 쓰이는 일"이자, 혹여라도 일정을 알려주는 과정에서 누구 하나 "연락을 빠뜨리면 오래 미안한 일"이라고 말했다. 대규모 외부 행사를 알리지 못하는 것보다 훨씬 더 마음 쓰이는 실수가 되는 것이다. 추모 행사의 준비에도 일종의 '제사' 노동이 필요한 셈이다. 다만, 기존의 제사가 가부장제 질서를 유지하기 위한 장치였다면, 퀴어커뮤니티가 만들어가는 애도로서의 제사는 가부장제 질서를 교란하는 의식이다.

추모 행사를 알리는 글을 보면 그들이 한정된 시간과

---

* 친구사이, "HIV 감염인 故 오준수님이 남긴 흔적과 흔적-없음", 〈허프포스트코리아〉, 2018.12.20.

자원을 기꺼이 내어 매년 추모를 이어오고 있는 이유를 짐작할 수 있다. 친구사이는 〈재회의 밤〉에 구성원들을 초대하는 글에서 "혹시 우리 공동체가 더 단단하고 다정했다면 그들은 우리 곁에 아직도 남아 있을까"라고 자문한다.* 곁을 떠난 후에야 친구의 HIV 감염 사실을, 혹은 혼자만 안고 있던 어떤 어려움을 알게 되었을 때, 회원들은 고인이 왜 자신들에게조차 말하지 못했는지를 돌아보게 되었고, 지금 삶을 살아가는 커뮤니티 구성원들이 서로를 더 살필 수 있는, 서로가 더 연결되는 자리가 필요함을 인식했다.

↳ (고인이 된) 이분들이 어떤 활동을 했는지를 좀 더 잘 설명하는 게 필요했어요. (추모 행사를) 시작을 할 때 한 분 한 분 사진도 (설명하고) 그분이 어떤 활동을 했는지 이런 것들을 좀 (말)하고, 몇 년도에 가입을 했는지, 무슨 이야기를 했는지, 그럴 때마다 주변에서 또 다른 재밌는 에피소드를 이야기해 주고, 그러니까 이게 조금 거리감이 덜어지는 (효과가 있어요). 그런 것들을 풍부하게 이야기해 주니까, 그래서 친구사이와 더 연결되는 계기가

---

* "[공지사항] 2022 재회의 밤", 〈친구사이〉, https://chingusai.net/xe/notice/621319

됐다는 사람도 있었어요. 꼭 그분과 연결이 아니더라도 친구사이가 이런 곳이구나, 친구사이는 이런 공동체를 생각하는 거구나, 그렇게 더 연결되는 사람이 있었던 거예요. (종걸, 활동가)

↳ 그 순간을 같이 기억하고자 하는 사람들이 있다는 것에서 얻는 안도감, 지금 미래를 고민하면서 살고 있을 때 그래도 내가 비빌 언덕이 되는 사람들이 있다는 것에 대한 안도감, 그것이 더 중요한 거 아닐까 이런 생각이 들었어요. (종걸, 활동가)

추모와 애도의 자리는 외부적으로 퀴어의 존재를 가시화하는 행사나, 혹은 내부 교육프로그램과는 달리 자기 안의 감정들을 "좀 더 비집고 이야기할 수 있는 자리"로 커뮤니티의 다른 행사와는 구별되는 의미가 있다. 그래서 고인을 모르는 회원들도 이 자리를 찾는다.

↳ 의미가 있었던 게 뭐였냐면 그를 알지 못하는 사람들이 오는 거예요. (고인의 생전 활동, 죽음, 장례를) 경험하지 못했지만, 이 날 오고 싶은 거예요. (…) 누군가를 떠나보낸 경험은 없지만, 또 그런 경험을 나눌 수 있는 (시간이니까요). (종걸, 활동가)

고인이 된 이들 중에는 사회적으로 활동이 알려진 사

람도 있고, 작가로 작품을 남긴 사람, 미발간 원고를 엮은 추모집이 있는 사람, 기사로 부고가 뜨는 이들이 있는가 하면, 몇 장의 사진만 남겨놓고 떠난 커뮤니티 회원, 그나마도 없이 나중에야 부고를 접하게 되는 회원까지 다양하다. 기록이 남지 않은 사람들을 어떻게 계속 기억할 수 있을까. 커뮤니티와 느슨하게 연결되어 있다가 알게 모르게 세상을 떠난 많은 죽음들을 어떻게 애도하고 기억할 수 있을까. "연락이 오거나 (친구사이와) 연결이 되는 분이라면" 모두 챙겨서 고인이 된 '퀴어한 존재'들의 삶을 이야기하고, 집단적 기억으로 보존하고, 커뮤니티의 활동으로 이어가기 위한 고민이 계속되고 있다.

↳ 2017년 이후로 자살하는 당사자들이 많았던 거예요. 친구사이 (오랜) 회원뿐만 아니라 잠깐 동안이라도 활동을 했었던 사람들(도 같이 챙기고 있어요). 커뮤니티에 더 집중하자, 우리한테 연락이 오거나, 연결이 되는 분이라면 (모두 챙기자). (종걸, 활동가)

↳ 얼마 전 친구사이의 '마음연결'*에서 하는 프로젝트 중에 〈성소

---

* '마음연결'은 2014년부터 친구사이에서 진행하고 있는 성소수자 자살

수자 유가족 상담)이 있었거든요. 주로 친구 아니면 연인들이 겪고 있는, 이미 떠나보낸 지 꽤 됐지만 그 이후에도 힘든 시기를 보내고 있는 상황들을 집단상담 형태로 풀어내고 있었었는데, 꼭 추모의 자리가 아니더라도 그런 형식의 자리라도 좀 필요했던 것 같아요. 누군가의 공백을 통해서 그걸 이겨내고 있는 마음, 순간이라는 게 추모만으로 해결되는 게 아니라고 생각해요. 계속 그걸 일상에서 맞이하고 있는 사람들이 있을 텐데, 그런 부분은 또 어떻게 고민해야 될까… (종걸, 활동가)

애도와 추모하기를 넘어서, 친구사이는 자살이나 질병으로 고인이 된 퀴어들의 연인, 친구들의 상실감을 커뮤니티에서 함께 풀어나가는 유가족 상담 프로그램을 진행했다. 커뮤니티 밖의 사회는 여전히 퀴어–친족을 '유가족'으로 호명하지도 않고 삶의 유대를 인정하지도 않지만, 퀴어커뮤니티는 여기에 저항해 왔다. 추석 명절에 우리끼리의 제사를 지내고 '유가족 상담'을 하며, 삶과 죽음에 걸쳐서 사회적으로 몫이 없는 '퀴어한 존재'들의 상호 의존의 생태계를 모색하는 대안적 애도의 모델을 만들어가고 있다.

예방 프로젝트이다. 홈페이지는 chingusai.net/xe/info_connect이다.

무지개 텃밭에서 광장까지, 애도를 통해 생성되는 관계성: 행성인

행동하는성소수자인권연대는 성소수자의 존엄한 삶과 권리를 위해 저항하고 연대하는 대표적인 커뮤니티이다. 대학동성애자인권연합(1997), 동성애자인권연대(동인련, 1998~2015)를 거쳐 행동하는성소수자인권연대(행성인, 2015~)로 단체명이 바뀌어온 궤적만큼이나 커뮤니티의 지향과 연대의 범위를 확장시키며 한국 성소수자 인권운동의 한 축을 맡아왔다.* 초창기에는 "사무실도 항상 쫓기듯 옮겨 다녀야" 했는데, 당시 퀴어들의 삶처럼 단체도 "옆집 아주머니가 문을 두드리실 때마다 우리의 정체를 들키지 않을까" 가슴 졸이고, "조그만 간판 하나 제대로 내걸지 못하고 누가 물어보면 '레인보우 출판사'라고 거짓말"을 해야 하는 시절을 보냈다.** 신설동, 제기동, 혜화동, 신당동, 회기동, 후암동, 성북동, 충정로를 거쳐 2013년 마포

---

* "활동 원칙과 방향", 〈행동하는성소수자인권연대〉, https://lgbtpride.or.kr/xe/vision3

** "무지개 텃밭, 동인련 사무실을 위해 작은 씨앗 하나 심자", 〈행성인 웹진〉, https://lgbtpride.tistory.com/447

구 서교동으로 이사 오면서 사무실 공간의 이름을 "무지개 텃밭"이라고 짓고 활동을 틔우는 공간, 성소수자 인권이 더 크게 열매 맺을 수 있는 토양을 일구고 있다.*

퀴어커뮤니티의 존재도 성소수자도 이해하는 사람이 드물던 때, 누군가에게 단체 사무실은 갈 수 있는 유일한 장소였다. 커뮤니티가 생긴 지 얼마 되지 않아 안타깝게 그곳에서 생을 마감한 활동가들이 있었다. 1997년 행성인의 전신인 대학동성애자인권연합 창립에 참여한 활동가 오세인은 가족에게 커밍아웃한 후 집에서 쫓겨났고 주변의 외면에 힘들어했다. 그는 1998년 5월 17일, 커뮤니티 사무실에서 스스로 짧은 생을 마감했다. 장례식장에 아버지와 원가족 일부가 참석하지 않았지만, "멋진 중절모와 트렌치코트를 즐겨 입던" 그를 추모하는 촛불이 매년 기일마다 사무실 한 켠을 밝혔다.** 그가 남긴 미키마우스 인형이 지금도 행성인에 유품으로 보관되어 있다. 5년 후인 2003년 4월, 반전 집회에 참여하고, 청소년보호법의 동성애자 차별조항을 없애기 위한 활동을 했던 육우당이 커뮤

---

* "[행성인 이사 기금 마련] 무지개 텃밭 반딧불이가 되어주세요!", 〈행동하는성소수자인권연대〉, https://lgbtpride.or.kr/xe/notice/1934923

** "[알림] 故 오세인, 육우당 추모제", 〈행동하는성소수자인권연대〉, https://lgbtpride.or.kr/xe/notice/1414

퀴어커뮤니티의 애도: 무명의 죽음에서 이름 있는 삶으로

2019년 4월 27일 열린 육우당 16주기 공동행동 '이상한 연대 문화제'의 모습이다. 대학로 마로니에 광장에 행성인 깃발, 연대 단체들의 깃발이 나부끼고, 참여자들이 삼삼오오 모여 앉아 무대 위 행사를 지켜보고 있다.

사진제공: 행동하는성소수자인권연대

니티의 좁은 사무실에서 삶의 마지막 하루를 보내고 죽음을 택했다. 천주교 신자였던 그는 동성애를 죄악시하는 보수 기독교에 분노하는 유언장과 육우당을 의미하는 여섯 친구(술, 담배, 수면제, 파운데이션, 녹차, 묵주), 그리고 인권 운동에 써달라며 20만 원를 남겼다. 경찰이 동의 없이 기자에게 육우당의 유서를 공개하는 바람에 혼란스러워진 상황에서 커뮤니티는 고인의 유언대로 장례와 애도가 이루어지도록 마음을 썼다. 천주교 신부님을 장례식장에 모셨고, 게시판에 고인을 욕되게 하거나 마음에 상처를 주는 글들이 올라오는 것을 방지하기 위해 일정 기간 홈페이지와 사무실을 폐쇄했다. "유족들의 바람이기도 했고, 그의 죽음을 우리가 온전히 슬퍼하고 고인을 조용히 보내드리기 위한 조처"였다.* 후에는 시조시인이 되고 싶어 했던 그의 바람대로 시조집을 출간했다. 2003년 5월 고 육우당 '추모의 밤'에 많은 시민 단체들이 공동주최로 참여했고, 다음 달에는 한국기독청년학생연합 주최로 추모 항의 예배가 이루어졌다.

"둘 다 갈 곳이 여기(사무실)밖에" 없었다**는 말이나

---

*   "[공지사항] 홈페이지와 사무실을 당분간 폐쇄합니다", 〈행동하는성소수자인권연대〉, https://lgbtpride.or.kr/xe/notice/1283
** 박소영, "10대 성소수자를 위한 안전한 쉼터, 육우당의 선물이죠", 〈한국

"어쩐 일인지 잠을 자도 동인련 사무실 바닥에 돗자리 깔고 눕는 것이 편하다"*는 말은 주변의 외면과 편견에 기댈 곳 없었던 청소년 퀴어들의 현실을 다시 생각하게 하고, 한편으로 커뮤니티의 작은 공간이 얼마나 소중한 장소였을지 짐작하게 한다. 갑작스러운 상실에 직면했던 커뮤니티 구성원들은 이후 두 사람을 기억하고 연대하며 청소년 성소수자 운동의 장을 확장해 나갔다. 육우당의 유언대로 2004년 4월 「청소년 보호법 시행령」 제7조에서 청소년유해매체물의 기준 중 하나였던 '동성애' 삭제를 이루어냈고, 2005년에는 청소년 성소수자 인권운동의 원년으로 불릴 만큼 많은 단체들과 연대하여 다양한 활동들을 펼쳤다.** 이 활동은 성소수자 청소년 지원센터 '띵동'의 창립과도 연결된다.

↳ 육우당이 그 당시에 열아홉인가 그랬을 거예요. 동인련은 젊은

일보〉, 2017.04.27.
* 곽이경, "누가 열아홉살 동성애자를 죽였나", 〈오마이뉴스〉, 2012.04.25.
** "故 육우당 3주기 추모행사(추모집,추모의밤)를 위한 기획회의 제안", 〈행동하는성소수자인권연대〉, https://lgbtpride.or.kr/xe/notice/1581

친구들이 많이 드나들었던 단체였고, 또래 친구들의 충격이 되게 컸다고 들었어요. (…) 청소년 성소수자 이슈를 이때쯤부터 동인련 안에서 중요하게 생각을 하게 된 것 같아요. 가출한 청소년 성소수자 등등 해서 그때부터 청소년 성소수자 인권에 대한 이슈들을 부각을 시켰고. 청소년 성소수자 인권팀을 만들어서 자조모임과 인권활동을 이어오고, 이런 활동들이 '띵동'을 설립하는 데 큰 자양분이 된 거죠. (남웅, 활동가)

추모 공간이 된 사무실과 홈페이지

혈연가족을 중심으로 장례와 애도가 이루어지는 과정에서, 가족보다 돈독했던 친구를 잃은 커뮤니티 구성원들은 본인들의 상실감보다 "유족의 감정을 먼저 챙기게 되는 상황"*을 마주한다. 고인이 퀴어였다거나 커뮤니티에서 어떤 활동을 했는지에 대해 유족과 이야기를 나누는 것을 망설이게 되고, 이런 대화가 "유족에게 실례"라는 생각까지 들기도 한다.

---

* 5장 '행성인'의 글에서 제시된 인용은 특별한 언급이 없는 한 남웅 활동가의 인터뷰를 인용한 것이다.

↳ 일단 장례를 주도하는 게 혈연가족들인 거잖아요. 그게 법적으로 너무 확실하고, 이 가족들은 이 친구의 정체성을 몰랐거나 알아도 뭔가 이런 활동을 하는 것을 부정하거나 갈등을 빚었거나. 이래서 환영을 받았던 동료들은 아니었던 것 같아요. 부모에 따라서 하나의 동료로 인정을 해준다거나 어느 단체에서 활동을 했다, 뭐 이렇게도 할 수 있는데, 사실 그것을 밝히지 못하는 경우가 더 많았던 것 같고. 그래서 더 어두웠던 것도 있었던 것 같아요. (남웅, 활동가)

"이 사람의 정체성을 장례식장에서는 말하지 않았으면 좋겠다"는 뉘앙스의 말을 들을 때 커뮤니티 구성원들은 참담함을 느낄 수밖에 없고, 결국 "이 친구가 어떤 친구였다"는 고인을 향한 추도의 말은 "우리끼리" 해야 하는 이야기가 된다. 원가족과 커뮤니티는 고인의 다른 면을 기억하고 보관한다. 책을 좋아했던 누군가는 아끼는 책들을 가족이 아닌 퀴어커뮤니티 공간에 맡기고 떠났다. 고인들이 커뮤니티에 남기고 싶어 했던 일기장, 보드게임, 인형은 정작 고인 자신들의 집 안에서는 들어맞는 자리가 없었던 유품들이다. 고인의 활동, 고인과 보낸 시간의 기억, 고인이 커뮤니티에 남긴 흔적과 유품은 장례식장에서 미처 다하지 못한 이야기로 남고, 커뮤니티 구성원들은 장례식장에서 돌아와 우리끼리 "썰을 풀어야" 하는 시간이 필요했다.

↳ 장례식장을 갔을 때 이 친구가 어떤 친구였다를 뭔가 이 가족들에게 얘기를 해주기보다는 그냥 이 안에서만 좀 얘기를 하고 말았던 (거죠). 그래서 뭔가 이런 추모 행사 같은 거를 1년에 한 번씩 우리(행성인 회원들)끼리라도 하자는 그런 문화가 생겼던 것 같기도 해요. (남웅, 활동가)

고인들의 기일이 다가오면 사무실에 추모 공간을 마련했다. 향을 피우고 담배와 유품을 올리고 짧은 영상을 보며 고인과 함께했던 활동가들은 그날의 기억을 떠올렸고, 처음으로 생전 모습을 보는 회원들은 고인들의 삶을 상상할 수 있었다.[*] 행성인 홈페이지에는 추모의 글을 남길 수 있는 게시판 '추모하며'가 있다. 시간이 흐르면서 이곳은 육우당뿐만 아니라 "우리 곁을 떠난 모든 성소수자들을 추모하고 기억하기 위한 공간"[**]이 되었다. 고인들이

---

[*]   "육우당, 오세인. 그들과 함께였던 날", 〈행성인 웹진〉, https://lgbtpride.tistory.com/110

[**] "추모하며"(게시판 소개글에서 발췌), 〈행동하는성소수자인권연대〉,

생소한 사람들이 점점 늘어났지만 추모 게시판에 기록으로 남아 있는 추모와 애도의 감정, 기록물들이 과거와 현재를 이어주는 연결고리가 되었다. SNS에 추모의 글을 남기는 것이 일상화되기 시작하면서 추모 게시판의 글은 더 이상 갱신되지 않고 있다. 그래도 이 게시판은 계속 열어둘 계획이다.

> 사람들이 와서 보고, 그걸 또 봐야 기억을 하니까요. 계속 새로운 사람들이 오잖아요. (…) 지금은 다 SNS로 해버리니까 기록도 안 남고 검색도 안 되고, 그런 아쉬움이 있는 것 같아요. 그래도 저 때는 게시판으로 다 하니까 지금도 기억되는 게 있겠다는 생각이 좀 들더라고요. 사람을 찾을 때 뭔가 계속 기록이 남아 있으니까 여기에서 2차 창작물 같은 게 만들어지고. 그런데 다른 친구들은 전부 페이스북 아니면 인스타그램이고 죽으면, 계정 닫으면 끝이잖아요… 지금은 기억하기가 더 취약해진 환경인 것 같기도 해요. (남웅, 활동가)

고인의 흔적과 활동을 새로운 구성원들과 공유하며 기억과 역사를 복원하기 위해서는 말 그대로 공부가 필요

---

https://lgbtpride.or.kr/xe/memory

하다. 행성인에서 추모 주간을 기획하고 있는 남웅 활동가는 "생전에는 오며 가며 인사만 하던 친구들인데, 떠난 후 이 사람들을 공부하는 시간이 생긴다"고 말하며, "고인이 된 후 그들과 더 가까워지는 변화"를 느꼈다고 말한다. 고인이 된 이들이 처음 커뮤니티를 찾고 활동을 했던 당시의 맥락과 환경을 정리하고 남기는 것 역시 애도의 한 과정이며, 커뮤니티의 활동 역사를 제대로 구성하는 데에 중요한 의미를 갖는다.

> 이들이 어쨌든 단체에 와서 같이 활동을 했던 사람들이니까, 그 당시에 활동을 했었던 어떤 정치적인 맥락이나 성소수자 운동 안에서의 환경이 또 있잖아요. 이 역사를 정리하는 건 되게 중요한 작업(이라고 생각해요). 여기에서 고인들이 어떻게 누구를 만나서 어느 단체에서 활동을 했는지 정리하는 게 뭔가 역사를 다시 구성하는 어떤 의미도 있을 것 같고. (…) 왜 우리가 상조를 얘기하고 이러잖아요. 전 다른 게 아니라 그냥 기억인 것 같거든요. 이 사람이 누구였고 뭐 이런 것들이라도 기억을 해주는 게 너무 중요한 것 같아요. 그래서 나중에 찾아보더라도 이름을 알 수 있는 그런 게 좀 필요한 것 같다는 생각이 들었어요. (남웅, 활동가)

광장으로, 공동의 범위를 확장하기

퀴어들은 구성원의 죽음을 기억하며 커뮤니티 밖으로 의제와 관계를 확장하기도 한다. 행성인은 추모 주간을 알리며, "올해도 어김없이 먼저 간 친구를 기억하는 날이 다가옵니다. 혐오와 차별, 불의로 인한 희생과 죽음이 끊이지 않는 사회에서 기억은 곧 저항입니다"라는 메시지로 커뮤니티 애도의 의미를 강조했다.* 먼저 떠날 수밖에 없었던 구성원들의 죽음을 기억하면서 남아 있는 우리가 이 사회에서 할 수 있는 일을 발견하고 이어가고자 하는 것이다. 자살로 생을 마감한 이들이 많기 때문에 이 죽음 앞에서 분노보다는 "처연해지는 감정"이 들기도 하지만, 그 죽음에 의미를 부여하고 기억하며 저항의 메시지를 이끌어내기 위한 의식적인 노력을 하고 있다.

↳ 죽음 이후에 그들이 어떻게 살아왔는가를 살피면서 지금 우리한테 어떤 운동이 필요한가를 좀 더 체감하게 된 것 같아요. 그래서 거기에서 운동의 의제를 새로 만들어내거나 그렇게 했던

---

* "[공지사항] 청소년 성소수자 故 육우당 13주기_혐오와 차별에 희생된 성소수자들을 기억하는 추모행동", 〈행동하는성소수자인권연대〉, https://lgbtpride.or.kr/xe/notice/70243

2019년 4월 육우당 16주기 '이상한 연대 문화제'가 열리는 광장 한켠에 추모테이블이 마련되어 있다. 테이블 위에는 무지개색 양초와 영정사진, 고인들의 유품인 책과 미키마우스 인형, 보드게임 등이 놓여 있다.

사진제공: 행동하는성소수자인권연대

것 같아요. (...) 왜 그냥 죽음을 선택할 수밖에 없었고, 커뮤니티나 국가가 어떻게 제도를 만들지 못했고 챙기지 못했는지, 이런 이야기들을 하게 되고, 추모를 통해 주변에 안부를 묻고 커뮤니티를 한번 더 돌아보게 되는 것, 그리고 국가가 뭘 못 했는가를 한 번 더 체크하게 되는 것, 이런 것들이 좀 있는 것 같아요. (남웅, 활동가)

↳ 이걸 활동으로 만들어가는 거는 되게 의식적인 거잖아요. 그러니까, 죽음을 계기로 뭔가 죽음을 촉발한 어떤 배경들을 의식적으로 찾는 거고 그래서 이 사람을 좀 더 적극적으로 기억을 해주자, 이게 있는 것 같고, 이걸 기억하는 김에 우리가 더 할 수 있는 것들을 찾자, 이것도 있는 것 같아요. 그래서 육우당의 죽음으로부터 청소년 인권을, 그리고 최근에 (떠난) 친구들과 관련해서는 트랜스젠더 인권에 대해서 더 이야기를 하게 된 것도 있는 것 같아요. (남웅, 활동가)

행성인은 2004년 고 육우당 1주기부터 매년 4월 그의 기일에 즈음하여 추모 주간을 지정하고, 먼저 곁을 떠난 여러 친구들을 함께 기억하기를 계속하고 있다. 한 사람의 퀴어 개인을 추모하는 것과 별개로 그의 공적인 활동에 의미를 부여하고 운동을 확장하고자 하는 고민은 추모제의 변화 과정을 통해서도 확인된다. 2009년부터 행성인 '청소년자긍심팀'에서 〈청소년 성소수자, 무지개 봄꽃을 피우다 거리 캠페인〉과 추모 문화제를 진행했고, 2011년에는 〈서울시 학생인권조례 청구인 서명 집중 캠페인〉을 기획하기도 했다. 2013년 10주기 추모 주간에는 성소수자 혐오와 차별 없는 세상을 위한 문화제를 열었고, 2015년부터는 장애등급제·부양의무제 폐지 광화문공동행동에 참여했으며, 청소년성소수자지원센터 띵동과 함께 〈이상(恨)연대문화제〉를 진행했다. 2020년부터는 사회적 소수자, 그리고 재난, 노동권 이슈로 추모의 의미와 의제가 확장되었다.

커뮤니티 차원의 애도는 친구사이 〈재회의 밤〉 사례처럼 공동체 내부에서 서로를 돌보며 연결되어 있다는 감각을 만들어가는 공간이 되기도 하고, 행성인 〈4월 추모 주간〉의 사례처럼 커뮤니티 외부로 "공동의 범위"를 확장하며, 이를 통해 "고립된 슬픔에 처한 사람들이 서로의 존재를 만날 수 있"는* 시간이 되기도 한다. 연결과 함께함은 커뮤니티 애도의 핵심이다. 때문에 두 사례에서 나타나는

---

* "[공지사항] 청소년 성소수자 기독인 고 육우당 11주기 혐오에 희생된 성소수자를 기억하는 추모 기도회", 〈행동하는성소수자인권연대〉, https://lgbtpride.or.kr/xe/notice/62223

애도의 모습이 다른 듯 보여도 어떻게 하면 곁을 떠난 모두를 잊지 않고 애도할 것인가에서 두 커뮤니티의 고민은 만난다.

> 한 사람만 기억하는 것에 대한 어떤 신중함이 있고 근데 또 이 사람들을 어떻게 전부 잊지 않을 수 있을까에 대한 고민이 또 따로 있고, 그런 것 같아요. (남웅, 활동가)

퀴어커뮤니티에서의 애도는 사회적인 연대관계를 만들어가는 과정이다. HIV 감염인이라는 이유로, 퀴어라는 이유로, 그리고 사회에서 '쓸모없는 존재'라는 이유로 삶의 자리가 부재한 사회를 넘어서 시민으로서 출현하게 하고, 시민으로서의 연결의 자리를 함께 모색하는 여정이다. 폐쇄적인 가족을 넘어 폐쇄적인 사회에 개입하고, 이름 없는 존재들을 넘어서 이름 있는 삶으로 집단적으로 출현하게 하며, 서로 섞여서 상호 의존하게 하는 오염된 공동체를 확장하는 과정이다.

접근 가능성으로 여는 추모의 공간
: 케이시느루모모와 친구들

'케이시느루모모와 친구들'(이하 '친구들')은 2018년부터 케이시느루모모를 추모하며 소수자와 연대하는 활동을 이어나가는 모임이다. '친구들'은 케이시느루모모에 대한 추모를 시작으로, 트랜스젠더를 비롯한 여러 소수자들의 현장을 찾아가고, 잇고, 관계를 만든다. 이 과정에 원하는 누구나 참여할 수 있도록 장벽을 낮추며 접근 가능성을 높이는 것이 추모의 지향과 방법이라고 할 수 있다.

케이시느루모모는 "청소년이자 트랜스젠더, 장애인, 비건 당사자로서 여러 단체와 현장에서 연대와 투쟁을 해온 활동가였다. 2018년 세상을 떠난 뒤 함께 살고 함께 활동했던 이들은 갑작스러운 부고 소식에 빈소를 찾아갔고, 유가족의 양해 아래 조문을 진행했다. 유가족도, 조문을 위해 찾아간 이들도 이날 서로를 처음 만나게 되었지만, 케이시느루모모를 더 이상 볼 수 없다는 사실에 슬퍼한다는 사실만은 같았다. 친구들과 동료들은 장례 3주 후에 다시 만나서 고인을 고인답게 보낼 수 있는 추모식을 따로 기획했고, 휠체어가 접근 가능하고 비건식이 준비된 추모식을 준비했으며, 추모식이 열리던 즈음 살던 집을 개방해서 분향소를 운영했다. 제대로 추모하는 자리를 만든 경험은 트랜스젠더 퀴어로 살아가는 이들에게도 큰 힘이 되었다. 주최 측은 "퀴어가 죽었을때 제대로 추모하는 자리를 처음 경험했다"는 이야기를 들은 것이 강한 기억으로 남아 있다.

> 일단 그렇게 장례식이 끝나고 나서 모모를 기억하시는 분들, 활동가들을 따로 만났어요. 한 10월 초쯤에 만나서 우리끼리 장례를 다시 해보면 좋겠다, 추모하는 자리를 만들면 좋겠다 하는 이야기를 나눴어요. 우리가 편하게 느루를 호명하고 기억하는 자리가 있으면 좋겠다는 마음이었어요. 활동가 몇 분하고 공동체 주택에 함께 살던 분들이랑 모여서 준비를 시작했고, 고 임보라 목사님께 연락해서 장소를 부탁하니 마침 교회가 비는 날이라면서 흔쾌히 허락을 해주셨어요. 어떤 방식으로 추모를 진행할지 같은 것도 정하고. 기록 사진도 필요할 것 같아서 제가 아는 분한테 요청을 하고 느루가 마지막으로 참여했던 퀴퍼(퀴어퍼레이드)가 인천퀴어문화축제였는데, 그래서 인천 퀴퍼에서는 이제 조화를 보내주시기도 하고 케이터링은 공동체 주택에서 같이 살던 분들이 느루가 비건이고 비건인 사람들이 많이 올 테니까 100% 비건으로 해야 한다고 해서 (그렇게) 하고. 사실 섬돌

향린교회가 있던 '인권재단 사람'으로 장소를 했었던 가장 큰 이유는 휠체어 접근이 가능해서였어요. 느루가 휠체어를 썼던 사람이기 때문에 휠체어 접근이 가능해야 한다는 생각에서 했었고. 뭔가를 정하는 건 술술 이루어졌어요.

추모제 때는 제가 사회를 보았는데 사람들이 사전에 보낸 추모의 메시지를 읽고 돌아가면서 편하게 이야기하면서 두세 시간 진행한 것 같아요. 공동체 주택에서 같이 살던 분이 자전거를 타시는 분들이 있는데 자전거 뒤에 느루가 썼던 휠체어를 매달아서 느루가 활동했던 단체를 다 돌았대요. 돌면서 단체 앞에서 휠체어랑 같이 깃발도 걸어놓고 하면서 사진을 다 남겨주셔서 사진도 전시해 놓고 했어요. (선호)

2020년에는 작은 추모회를 열어 케이시느루모모에게 전하고 싶은 메시지를 남기는 코너, 사별 경험을 나누는 모임, 퀴어의 책장 등을 운영했다. 여기에 유족들도 참여해 감사의 인사를 전했다. 2021년에는 「사별자를 위한 편지」라는 진(zine)을 발행해서 배포했고, 후원 사업을 벌여서 성소수자 자살 예방 프로젝트 등에 후원했다. 2023년에는 사별 5주기를 맞아서 파티를 열기도 했다. '친구들'은 추모를 위한 활동뿐만 아니라 트랜스젠더 인권을 위한 활동도 계속해 나가고 있다. 매년 트랜스젠더 가시

퀴어커뮤니티의 애도: 무명의 죽음에서 이름 있는 삶으로   165

2018년에 케이시느루모모를 추모하기 위해 진행한 추모식에서
다양한 색깔의 포스트잇에 남긴 추모글이 초록색 벽에 붙어 있는 모습이다.
추모식을 함께 준비해 온 '케이시느루모모와 친구들'은 느루님이 살던
주거공간을 개방해서 분향소를 설치하기도 하였고, 인천퀴어문화축제
혐오범죄 규탄시위의 장에도 추모공간을 설치하면서 다른 세상을 염원하는
시간으로 애도의 장을 만들려는 마음을 보여주었다.

사진제공: 무낭

화의 날(3월 31일)을 맞아 포스터나 굿즈를 제작해서 배포하고, 인천퀴어문화축제, 트랜스젠더 추모의 날 TDoR MARCH(11월), 각종 퀴어 친화적 행사나 전시 등에 포스터나 굿즈를 배포하고, 행사 등에 부스를 내고 메시지를 전하며 수익금을 후원하고 있다.

'친구들'은 2019년 인천퀴어문화축제에서 추모사를 통해 케이시느루모모의 활동과 추모의 의미를 공유했는데 이 글을 통해서 많은 사람이 케이시느루모모가 생전에 했던 활동의 지향이 무엇인지 이해할 수 있었다. 그리고 '친구들'이 계속해나가려는 추모의 방향 또한 '접근 가능성'이라는 점을 가늠할 수 있다.

↳ 우리가 기억하는 모모는 안주하지 않고 끊임없이 질문하며 알고자 하는 사람이었습니다.

모모는 젠더이분법에 벗어나 자신을 정체화하려는 시도를 지속했고, '정상성'이라는 이름의 폭력에 저항했습니다.

그는 난민/이주민 인권을 고민하는 모임을 주최하며, 장애인 접근성을 확보하고, 행사엔 꼭 비건 다과를 구비하였습니다. 또 여성과 청소년이 겪는 복합적인 억압을 고민하는 청소년 페미니스트였습니다.

청소년 인권, 페미니즘, 퀴어, 생태주의, 난민/이주민 인권, 장애인권까지, 폭넓은 모모의 앎과 실천을 통해 우리는 서로의 존재를 연결할 수 있었습니다.

'친구들'은 또한 케이시느루모모가 해왔던 경계를 넘는 운동, 복합적인 억압을 고민하는 활동을 짚어냈다. 이를 통해 우리는 본인이 가진 복잡한 정체성을 긍정하고, 정체성 사이를 가로지르면서 총체적인 해방을 고민했던 고인의 지향을 짐작할 수 있다.

↳ 동시에 모모가 겪어야 했던 어려움들이 떠오릅니다.
나 자신의 모습으로 살아가고자 했을 뿐임에도 그가 경험해야 했던 멸시와 비난을 기억합니다. 모모와 친권자의 갈등과 그 속에서의 무력함을 기억합니다. 공장제축산업 중심의 사회구조 속에서 비건을 실천했던 그의 곤궁함을 기억합니다. 탈가정 청소년으로서 겪어야 했던 자립의 어려움을 기억합니다. 자신의 젠더 정체성을 알리지 못하고, 저임금의 열악한 노동을 해야만 했다는 사실을 기억합니다. 충분한 도움을 받을 수 없는 상황에서 희귀질환으로 통증에 시달렸다는 걸 기억합니다. 그리고 그 경험이 모모의 생기를 앗아갔던 순간들을 기억합니다.
비-장애인 중심적인 생활환경에서 휠체어 사용자로서 좌절하던 순간들을 기억합니다. 지속 가능한 삶을 위한 선택과 기회들로부터 소외시키던 사회의 매정함을 기억합니다.

모모가 탈학교/탈가정 청소년으로, 논바이너리 트랜스젠더로, 페미니스트로, 채식주의자로, 장애인으로, 빈곤인으로, 세상을 바꾸려는 한 명의 활동가로 살아가며 경험한 차별과 배제를 기억합니다. 빛나고 위태로웠던 그의 삶을 기억합니다. (하략)

'친구들'이 채택한 추모의 방식과 지향은 고인이 해나갔던 운동에 대한 깊은 숙고와 존중 속에서 마련되었다. 복잡한 정체성과 차별 속에서 살아갔던 그는 어떤 것을 우선시하기보다 어떤 상황 속에서도 인권이 존중될 수 있는 사회를 만들기 위해서 고군분투했다. 모든 사람의 인권을 위해서 배제를 만드는 장벽을 제거하기 위한 구체적인 활동을 벌여나갔고, 그것은 권리에 대한 접근성을 높이는 방식이었다. '친구들'이 해왔던 다양한 추모의 방식 중 '포스터를 찍어 보내기'는 접근성을 확대하는 상징적인 활동으로 꼽을 수 있다. 원하는 사람 누구에게나 포스터를 보내고, 포스터가 붙어 있는 공간마다 소수자를 위한 접근성을 확대하고, 소수자를 환영한다는 메시지를 전하는 활동이다. 추모의 의미를 가장 일상화하고, 가장 멀리 보내기 위해 고안한 방식이다.

코로나19를 겪은 광장에서
: 키스 앤 크라이, 트랜스젠더 추모의 날

성소수자차별반대 무지개행동은 2022년 2월 25일, 함께 모여서 추모할 수 있는 시공간을 만들었다. 성소수자라는 이유로 온전히, 충분히 추모하지 못했던 경험 때문이기도 했고, 특히 코로나19로 인해 모여서 서로의 상실을 확인하는 시간을 갖기 어려웠기 때문이다. 사회자는 이렇게 많은 사람이 모인 자리가 정말 오랜만이라는 말로 문을 열었다. 추모 공간은 세 시간 동안 열려 있었고, 떠나간 이들을 기억할 수 있는 전시가 마련되었다. 추모 행사는 한 시간가량 진행되었다.

"애도의 발언"을 한 길벗은 6년 전 떠난 애인을 기리는 추모사를 낭독했다. 길벗은 군 복무 중 전 애인의 부고를 접했다. 소식을 듣고 부대에 급히 휴가를 요청했지만 사유를 묻는 부대장의 질문에 제대로 답하지 못하고 절친한 친구가 자살했다는 정도로 둘러댈 수밖에 없었다고 했다. 그렇게 겨우 휴가를 나왔지만, 그럼에도 길벗은 그를 오롯이 애도할 수 없었다고 했다. 그건 소식을 먼저 접한 친구들도 마찬가지였다. 그의 장례가 처러지지 않았기 때문이다. 친구들은 고인을 기리며 그가 자주 가던 성당에 위령미사를 특별히 요청했는데, 그에 응한 신부는 강론 시간에 '자살은 죄이며, 지옥에 갈 것이라'고 해서 다시 한번 애도의 공간을 박탈했다. 한때 신부가 되기를 꿈꾸었을 정도로 신앙이 깊었던 고인을 위한 위령미사조차 오롯이 허락하지 않는 교회로 인해 신앙을 가진 몇몇 친구들은 교회를 떠났다. 길벗은 성소수자의 존재를 불인정하고 불법화하는 군대와 교회에서는 애도도 불가능하다는 것을 증언했다. 성소수자를 제대로 애도할 수 없는 사회에서는 성소수자의 생존 또한 어렵다는 점을 주장하며, "애도가 투쟁이 아니라 마땅하고 당연한 일이 되길 바란다"고 발언했다.

"힘을 내는 발언"을 한 타리는 그동안 수많은 사람들의 죽음이 세상을 만들어오고 인권을 증진시켜 온 힘이었다는 것을 상기하면서, 특히 성소수자라는 이유로 은폐된 죽음을 기억하고 애도하는 것은 죽은 듯 살라는 명령에 맞서 차별에 저항하는 우리의 힘과 연결된다는 점을 이야기했다.

↳ 이럴 때일수록 우리 스스로 삶의 이유와 방식을 결정하고 실행한다는 감각을 더 선명하게 하고 싶습니다. 우리는 국가로부터

인정받기 위해서 사는 게 아니다, 라는 자각, 우리 스스로, 서로를 살아 있는 삶으로 인식하자는 의지, 죽은 듯 살게 하는 권력에 저항하자는 분노를 통해서 만들어지는 감각이요, 이 감각은 단지 사랑과 우정의 관계를 통해서만 가능할 것입니다. (…) 우리의 존재를 인정하지 않으려고 하고, 우리의 관계를 단절시키려고 하고, 우리의 일터를 파괴하려고 하고, 우리를 조롱거리로 던져놓으려고 하고, 우리의 존재를 쓸모없다고 여기는 사회에 대항하는 방법은 저도 여전히 문란함이라고 생각합니다. 이 사회는 닥치고 소비함으로써 살아 있는 감각을 느끼라고만 강요합니다. 퀴어를 배제함으로써 돌아가는 이 질서를 두드리고 문란하게 합시다. 싸우는 존재들 곁에 서고, 힘든 사람들을 돌보는 사람들 곁에 있고, 자신이 저지른 잘못을 사과하고, 슬픔을 표현하고 분노를 조직하는 것을 통해서 인간 혹은 동물다워지는 것이 지금 가장 퀴어해지는 방법이 아닐까 합니다.[*] (타리)

코로나19를 거치면서 퀴어들은 감염병에 대한 낙인, 그리고 타인과 만날 수 없다는 고립감을 경험했다. 게이클럽 집단감염 사태와 동선공개를 통해 '찜질방'이 공론화

---

[*] 전문읽기: "[인권활동119] 성소수자 추모의 공간 KISS & CRY", 〈인권재단 사람〉, https://saramfoundation.org/articles/706167485

2022년 2월 25일 개최된 성소수자 추모제 Kiss & Cry(키스 앤 크라이). 추모 공간의 테이블을 넓은 무지개 천으로 장식하고 중앙에는 세상을 떠난 성소수자들을 추모하는 의미의 무지개 영정, 양옆에는 무지개 양초를 두었다. 참여자가 영정을 바라보며 추모의 시간을 가지고 있다.

사진 제공: 성소수자차별반대 무지개행동

되면서 근래 유례 없는 성적 낙인을 경험하고 80년대 에이즈 패닉을 떠올리기도 했다. 또한 트랜스젠더 활동가들의 연이은 죽음과 그 이전부터 퀴어들의 시간 속에 쌓여왔던 애도할 수 없던 시간, 코로나19 시기 애도가 가능한 장소의 부재는 겹겹의 고통을 만들어냈다. '키스 앤 크라이'는 이러한 시기를 통과했던 퀴어들이 서로 만나야 하고, 그 만남은 애도와 위로로부터 출발해야 한다는 고민 속에서 마련되었다. 떠난 이들이 원했던 모습을 기억하고, 불리고 싶은 이름으로 부르는 것은 고스란히 여전히 살아가는 이들에게 힘이 된다.

또한 매년 트랜스젠더 추모의 날(Transgender Day of Remembrance, TDoR)을 맞이해서 다양한 방식의 추모 행사가 열린다. 이날은 미국을 중심으로 매년 11월 20일 트랜스젠더의 존엄과 권리에 대하여 생각하는 국제적인 기념일이다. 1998년 11월 28일 미국 매사추세츠주에서 트랜스포비아를 이유로 살해된 아프리카계 미국인 리타 헤스터의 추도에서 유래한다. 한국에서는 2018년부터 트랜스해방전선이 제안하는 '추모행진'*과 2016년부터 성별이분법에 저항하는 사람들의 모임 여행자, 트랜스젠더 인권단체

---

* 트랜스해방전선 https://x.com/freetransright

조각보* 등이 진행하는 다양한 방식의 추모 행사가 있다. 추모행진은 여러 연대단체들을 모집해서 야외에서 집회와 행진을 통해서 사회에 트랜스젠더 죽음, 추모와 저항의 정치적인 의미를 알리는 데 힘쓴다. 여행자는 2016년 촛불집회를 주관했고, 2017년부터 조각보가 주최하는 여러 형식의 행사는 당사자와 앨라이들이 실내 공간에 모여 서로의 이야기를 나누는 기회가 되고 있다.

---

* 트랜스젠더 인권단체 조각보 https://www.transgender.or.kr/

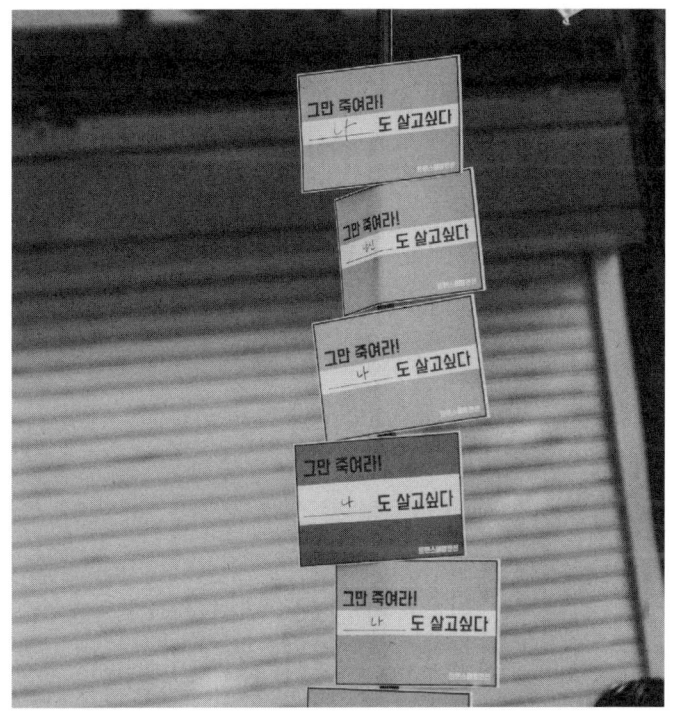

트랜스젠더 추모의 날 집회가 열리는 행사장 주변에 연속해서 붙어 있는 피켓 이미지. 트랜스젠더를 상징하는 플래그 바탕 안에 "그만 죽여라! 나도 살고 싶다"는 글씨가 적혀 있다.

사진 제공: 트랜스해방전선

6
퀴어한 장례와
애도 문화를 위하여

'나다운 장례식'과 사후자기결정권

　　삶과 죽음에 걸쳐 존엄을 잃지 않고 충분한 애도가 이루어지는 장례의 과정을 만들기에 앞서 곤란한 지점이 있다. 죽은 사람은 자기 자신의 장례를 준비하거나 진행할 수 없다는 점이다. 자신에게 지금 가장 중요하고 가까운 사람인지 누구인지 원가족에게 이야기하거나 누가 나의 장례를 주관하였으면 좋겠는지, 장례의 절차를 어떻게 했으면 좋겠는지, 수의나 관을 어떻게 했으면 좋겠는지, 남은 사람들의 애도의 과정이 충분히 이루어질 수 있도록 어떤 준비를 했으면 좋겠는지 '나다운 장례식'이 무엇인지 죽은 뒤에는 얘기할 수 없다. 자신의 죽음을 미리 준비하고 장례 등에 대한 의향을 문서로 잘 정리해 둔 사람 이외에는 사후의 일을 남아 있는 사람이 미루어 짐작하여 정할 수밖에 없다. 문제는 한국에서는 법적 가족의 의사를 당사자의 의사처럼 여기는 경우가 너무 많다는 점이다. 고인의 삶과 죽음에 대한 평가, 생전의 삶에서 어떤 관계를 맺어왔는가에 대한 정보 부족 등은 쉽게 장례의 절차를 축소하게 만든다.

가족구성권연구소는 2009년부터 〈비정상 가족의 비범한 미래기획: 찬란한 유언장〉 프로그램을 통해 다양한 가족 형태를 가지고 있는 사람들이 죽음 이후에 대해서도 자기결정권을 획득하도록 유언장을 작성하는 방안을 모색했다. 현행 「민법」상 유언장의 효력은 재산이나 유품에 대한 권리에 대해서만 강제력을 가지고 있어 장례의 방식이나 절차, 주관자에 대해서 적어두더라도 그것이 반드시 집행되게 할 수는 없다. 그러나 〈찬란한 유언장〉 프로그램은 재산에 대한 유언에 한정하지 않고 자유롭게 자신의 삶, 관계에 대한 정리와 당부의 말을 적을 수 있도록 했다. 자신의 삶에 정말 중요한 사람이 누구인지, 자신의 삶의 의미는 어떠했는지를 적음으로써 타인에 의해 자신의 삶이 일방적으로 평가되고 의미가 축소되는 것에 저항하고, 미루어 짐작하여 장례와 애도의 절차를 마련하는 것이 아니라 스스로의 주도하에 죽음 이후를 준비할 수 있도록 했다.* 유언장에 기재된 많은 관계와 이야기는 당사자에게 법적 가족만이 아니라 얼마나 많은 관계망이 존재하는지를 드러내는 과정이었다. 또한 법적으로 권리를 보장받지

---

* 한가람, 「죽음 이후의 가족」(가족구성권연구소, 『가족신분사회』, 와온, 2025) 참고.

못해도 죽음 뒤에도 권리가 있다는 것을 알아가는 과정이었다.

사후에 자신의 재산이나 신상에 대해 결정할 수 있는 권리, 사후자기결정권이 개인의 헌법상 권리라는 결정은 한국에서 2015년 처음으로 내려졌다. 2015년 헌법재판소는 사망한 사람의 시신을 인수할 사람이 없는 경우에 생전 본인의 의사와는 무관하게 해부용 시체로 제공할 수 있도록 규정한 「시체 해부 및 보존에 관한 법률」 제12조 제1항*이 고인의 시체 처분에 대한 자기결정권을 침해한다고 판단한 것이다(헌법재판소 2015.11.26. 선고 2012헌마940 결정). 헌법재판소는 "만일 자신의 사후에 시체가 본인의 의사와는 무관하게 처리될 수 있다고 한다면 기본권 주체인 살아 있는 자의 자기결정권이 보장되고 있다고 보기는 어렵다"고 판단하였다. 개인이 생전에 사후를 대비하여 적극적으로 자기결정권을 행사하는 경우뿐만 아니라 법적

---

* 제12조(인수자가 없는 시체의 제공 등) ① 특별자치시장·특별자치도지사·시장·군수·구청장은 인수자가 없는 시체가 발생하였을 때에는 지체 없이 그 시체의 부패 방지를 위하여 필요한 조치를 하고 의과대학의 장에게 통지하여야 하며, 의과대학의 장이 의학의 교육 또는 연구를 위하여 시체를 제공할 것을 요청할 때에는 특별한 사유가 없으면 그 요청에 따라야 한다. 다만, 14세 미만으로 인정되는 시체의 경우에는 그러하지 아니하다. (현행 삭제)

으로 자기결정권을 행사할 수 있는 절차가 마련되어 있지 않은 경우에는 사후라도 자기결정권 침해로 인정할 여지가 있다고 보았다.*

그러나 이 헌법재판소의 판결에서 정리된 사후자기결정권은 무연고사의 경우이다. 유족이 있다면 유족의 동의만으로 시신 기증이 가능하다.** 유언이나 생전의 연구 목적 제공 동의가 없더라도 말이다. 반대로 본인이 시신 기증에 대한 의사를 유언이나 동의서를 통해 생전에 밝힌 경우라면 어떨까? 법적으로는 유족의 동의가 없더라도 본인의 의사가 있다면 가능하도록 되어 있지만 대부분의 기관에서 시신 기증자의 가족동의서와 가족관계증명서를 요구한다. 한국에서 고인의 사후자기결정권은 국가의 일방적인 처리에는 대항할 수 있지만 '가족'에는 대항하지 못한다.

자기결정권이 무엇인지에 대한 고민도 필요하다. 자기결정이라는 것은 일반적으로 내가 주체적으로 나에 대

---

*   양희철, 「무연고사망자 등의 사후자기결정권: 한일비교 및 입법·정책 방안연구」, 화우공익재단, 2019.
** 제9조의3(시체의 일부를 이용한 연구에 대한 유족의 동의) ① 시체의 일부를 이용하여 연구하려는 자 또는 제9조의4제1항에 따른 허가를 받아 시체의 일부를 수집·보존하여 연구 목적으로 제공하려는 기관은 그 유족의 동의를 받아야 한다.

한 사안을 스스로 결정한다는 것을 의미한다. 이런 정의는 자기가 스스로 결정을 내릴 만한 능력이 있는 사람이 있는가라는 기준으로 손쉽게 자기결정권의 행사를 제한한다. 이성적인 존재가 이성적인 판단을 내려야 하는데 '이성적인 존재'가 누구인가에서 이미 사회의 정상성 기준이 작동한다. 청소년, 장애인, 질병이 있는 사람, 성소수자 등 '비정상적인' 존재의 판단은 온전히 인정되지 않는다. 유언장을 작성해도 원가족에 의해 손상되거나 진정으로 이루어져야 하는 의사가 담긴 것으로 인정받지 못하는 경우가 많다.

정말 내가 원하는 것이 무엇인지는 어떻게 알 수 있을까? 자기결정권에 대한 논의에서 장애인의 탈시설운동이 이끌어온 질문을 놓쳐서는 안 된다. 2021년 정부가 '탈시설 장애인 지역사회 자립지원 로드맵'을 발표하자 탈시설을 반대하는 진영에서는 2021년 정부가 실시한 장애인 거주시설 전수조사 결과를 들어 "시설에서 살고 싶다"고 응답한 장애인이 60%, 거주 희망 사유도 "이곳에 사는 것이 좋아서"라고 답한 비율이 70%라며 탈시설이 장애인의 자기결정권을 오히려 침해하는 것이라는 주장을 펼쳤다. 그러나 국가인권위원회가 2017년 실시한 중증장애인거주시설 생활인에 대한 실태조사에 따르면, 시설 입소자 중 자발적 의사로 입소한 비율은 14.3%에 불과했다. 시설을 벗어나 지역사회에서 어떤 주거공간을 어떻게 구할 수 있는지, 생계를 어떻게 유지할지, 활동지원은 얼마나 폭넓게 받을 수 있을지, 위기 상황일 때 자신을 도와줄 사람이 누구인지, 얼마나 있는지 등 정말로 선택을 가능하게 하는 조건이 갖춰지지 않은 상태에서 시설은 '강제된' 경로다. 장애운동은 시설 밖에서의 삶을 '원한다'라고 말할 수 있어야 탈시설이 가능한 것이 아니라 시설 밖에서의 삶이 '가능하도록' 하는 변화가 이루어져야 내가 무엇을 원하는지를 말할 수 있는 토대가 마련된다고 이야기해 왔다.

사후자기결정권에서도 마찬가지이다. 이미 삶의 자리에서 낙인과 차별로 인해 관계가 단절된 감염인이 죽어서도 가족에게 피해가 갈까 봐 연락을 남기지 못한다면 그것은 그가 '원한' 선택이라고 이야기할 수 있을까? 경제적 어려움으로 이미 가족관계를 유지하기 어려워질 정도로 멀어지기도 하고 사회보장제도의 지원을 받기 위해 가족관계가 단절되었다는 것을 증명해야 하는 수급자가 "내가 죽어도 가족에게 연락하지 마세요"라고 적어두었다면 그것이 온전한 자기결정이라고 할 수 있을까? 평균 장례비용이 천만 원을 넘어가는 상황에서 이를 부담하기 어려운 사람이 주변에도 부담을 지우기 싫어 빈소 없이 장례를 마무리해 달라고 한다면 당사자가 원했으니까 아무 문제 없다고 보면 될까? 애초에 시신 인수에 대한 권리도, 사망진단서를 발급할 권리도, 장례를 주관할 권리도 없는 사람에게 내가 죽은 뒤 장례와 애도의 절차를 맡긴다면 사후자기결정권이란 실행 불가능한 이름뿐인 권리인 것이 아닐까? 자기결정권이란 당사자가 놓여 있는 현재 조건하에서 결정하는 좁은 권리가 아니라 선택지를 좁히고 강제하는 조건을 변화시켜 선택의 한계를 넓히는 권리를 포함해야 한다.

수많은 정보 사이에서 무엇이 정말로 나에게 필요한 것인지, 이것을 선택했을 때 이후에 나와 주변에 미칠 영향이 무엇인지, 그것을 내가 감당할 수 있는지 등을 혼자 알아낸다는 것도 어려운 일이다. 두려움과 불안함, 겪어보지 않은 일에 대해 결정해야 한다는 부담감 등 내 선택에 혼란을 주는 요소들은 많이 있다. 전혀 혼란을 겪지 않는 온전한 정신에서 나 혼자만의 결정을 자기결정으로 의미할 것이 아니다. 내가 무엇을 원하는지 아직 모르는 안개 속에서도 나의 욕망과 실현 방법, 한계와 가능성을 탐색하는 조력이 동반되어야 제대로 된 자기결정이 이루어질 수 있다. 고인의 사후자기결정권이 제대로 행사되기 위해서는 고인의 의사를 받아 실행해야 하는 사람에게도 마찬

가지로 의존과 조력이 필요하다. 유언장에 적혀 있는 '파트너에게 모든 것을 위임한다'는 한 줄을 실제로 이행하기 위해 노력하고, 장례 절차를 축소하거나 없애려고 하는 원가족을 설득하여 빈소를 차리고, 친밀한 관계의 당사자가 장례식에서 손님을 맞이하고 진행의 주요한 역할을 받을 수 있도록 협상해야 했던 것은 고인의 파트너에게 법적 권리가 없어서 자력으로 해결해야만 한다는 차별의 내용이다. 하지만 고인이 생전에 가지고 있던 생각이 무엇이었는지, 그것을 남아 있는 사람과 잘 나누기 위한 애도의 절차는 무엇인지를 알아내기 위해 노력하는 과정, 장례지도사나 업체, 병원, 원가족과 소통하는 과정에 함께 하는 것 자체는 우리 모두에게 필요한 조력이다.

> "장례는 생애주기 완성을 축하하는 춤과 노래로 채워주길 바랍니다. 그런 다음 유골을 뿌려주셔야 하는데 별 특징 없는 번잡한 공공장소면 좋겠습니다. 그곳 화장실에 들어가 단칼에, 인정사정없이, 변기물에 내려주세요."
> 〈캡틴 판타스틱〉, 2016

모두가 검은색 정장이나 원피스를 입고 정숙하게 앉아 있는 가운데 빨간색, 연두색, 보라색 옷을 입은 사람들이 성큼성큼 들어온다. 추도사 중간에 연단 위로 올라 종교적으로 진행되던 장례식의 진행을 멈추고는 떠난 이가 남긴 유서를 모두의 앞에 낭독한다. 영화 〈캡틴 판타스틱〉에서 아내 레슬리의 장례식에 참석한 벤은 이건 레슬리가 바라던 장례식이 아니었다는 말을 외치고 이내 끌려 나간다. 레슬리 부모님의 얼굴은 이질적인 존재가 정숙하고 경건한 분위기를 침범한 것에 어딘가 상처받은 듯 골치가 아픈 표정이 된다. 당신이 위와 같은 유언을 발견한 파트너라면 어떻게 행동했을까? 남겨둔 유언이 있으니까 당사자의 의사를 100% 우선하여 집행하는 것이 맞는 걸까? 우리는 '제대로 애도하고 싶은' 마음 사이의 갈등을 마주하게 될 수도 있다. 장례는 떠나는 사람의 시간이기도 하지만 남겨진 '사람들'의 시간이기도 하기 때문이다. 존엄을 박탈당한 삶과 죽음의 경로를 강제하는 법과 제도, 섹슈얼리티와 유대의 관계에 위계를 부여하는 낙인과 차별에 저항하는 것과 별개로 친밀함과 유대관계의 확장은 새로운 긴장을 마주해야 하는 어려움을 준다. 법 제도의 변화가 곧바로 결정 과정의 고속도로 하이패스가 되진 않을 것이라는 얘기다. 다양하게 유대할 수 있는 권리를 받아들인다는 것에는 다양한 욕구와 역량의 충돌을 당연한 과정으로 끌어안는 것도 포함된다.

애도할 권리와 가족을 구성할 권리

    기존 법적 가족을 넘어 다양하게 상호 의존할 수 있는 생태계가 가능한 사회에서 비로소 삶의 유대로서의 장례와 애도의 문화가 가능하다. 가족 상황에 따른 차별을 해소하고, 다양하게 유대할 수 있는 권리인 가족을 구성할 권리를 확보하는 것이 중요한 토대일 수밖에 없다.

    2024년 10월 10일 한국에서는 11쌍의 동성부부가 법원에 혼인신고 불수리 불복 소송을 내면서 위헌법률심판 제청도 함께 신청하였다. 현행 「민법」 제812조(혼인의 성립)는 "혼인은 「가족관계의 등록 등에 관한 법률」에 정한 바에 의하여 신고함으로써 그 효력이 생긴다"고 규정하고 있다. 법률상으로는 혼인을 '남녀 간의 결합'으로 규정하는 내용이 없다. 그럼에도 동성혼을 배제하는 해석으로 혼인신고를 불수리하는 것은 신청인들의 기본권을 침해해 위헌이라는 주장이다. 동성파트너가 법적으로 '배우자'의 지위를 얻게 되면 기존의 법 체계 안에서는 가장 우선순위의 연고자가 될 수 있다.

    2023년 발의된 「생활동반자관계에 관한 법률」의 경우

용혜인 의원과 장혜영 의원이 발의한 안 모두 부칙에서 「장사 등에 관한 법률」 개정을 요청하고 있다. "생활동반자 관계"라 함은 대한민국 국적을 가진 혼인 중이 아닌 성인과 다른 혼인 중이 아닌 성인 1인이 합의하에 일상생활, 가사 등을 공유하고 생활돌봄을 상호적으로 주고받는 관계를 말한다.

<표 7> 「생활동반자관계에 관한 법률」 발의안

제2조제16호나목에 '생활동반자'를 추가하고, 다목부터 아목까지를 다음과 같이 하며, 같은 호에 자목을 다음과 같이 신설한다. **나. 생활동반자** 다. 자녀 라. 부모 바. 부모 외의 직계존속 아. 사망하기 전에 치료·보호 또는 관리하고 있었던 행정기관 또는 치료·보호기관의 장으로서 대통령령으로 정하는 사람 자. 가목부터 사목까지에 해당하지 아니하는 자로서 시신이나 유골을 사실상 관리하는 자

두 발의안 모두 혼인관계가 성립하면 생활동반자 관계는 해소되는 것으로 보고 있기 때문에 "가. 배우자"는 "나. 생활동반자" 관계와 동일한 순위로 보인다.

동성혼의 법적 인정 과정과 생활동반자 관계에 관한 법률 신설 과정이 쉽지 않다는 것도 문제지만, 두 방향 모두 기존의 「장사법」 체계에서 연고자의 '순위'를 두는 것에는 변화가 없다는 점에서 문제는 남아 있다. 우리 삶의 친밀성이나 사후 사무를 맡기고 싶은 관계는 연고자의 순위와 모두 동일하게 순서 지어지지 않는다.

    혈연가족, 법적 가족 중에서도 법에 열거된 제한적인 범위에서 우선권을 가진 자만이 장례 및 사후 사무에 대한 권한을 가지는 기존 법률의 개정이 필요하다. 그중에서도 가장 우선적으로 검토되어야 할 것은 「장사 등에 관한 법률」이다. 연고자의 범위를 법률상 확장하는 것이 필요하다. 「장사 등에 관한 법률」 제2조에서 연고자의 정의에 아목은 "가목부터 사목까지에 해당하지 아니하는 자로서 시신이나 유골을 사실상 관리하는 자"로 법적 가족이 아닌 경우에도 연고자 지위를 인정할 수 있도록 하는 규정이지만 '사실상 관리'라는 항목이 담당자의 해석 재량권에 달려 있어 문제가 있다. 「장사업무안내」 지침에 구체적 사례를 열거하고는 있지만 이는 행정지침에 불과하고 법적 구속력이 없는 규정으로 지침을 적극적으로 안내하고 적용함에 있어서는 지방자치단체별, 담당자별 이해와 의지에 따라 차이가 있다. 법적 배우자, 자녀, 부모가 아니라 비혼 동거 파트너, 공동체 구성원, 가까운 지인, 성년후견인, 고인이 지정한 사람 등 고인의 의사를 가장 잘 반영하는 사람이 장례를 주관할 수 있도록 연고자의 범위를 법률에 구체적으로 확장할 필요가 있다.

연고자의 순위가 아니라 고인의 의사를 잘 반영할 수 있는 당사자가 장례를 주관할 수 있도록 해야 한다. 연고자가 없거나 연고자가 시신 인수를 포기하여 무연고화되는 경우뿐만 아니라, 「장사 등에 관한 법률」, 「의료법」은 법적 가족에게 선순위 연고자로서의 권리를 부여한다는 점에서 고인의 장례에 대한 의사를 가장 잘 알고 있을 가까운 사람이 장례를 치르지 못하게 되는 차별을 발생시킨다. 고인의 삶의 서사와 생전의 돌봄과 유대의 관계에 대한 충분한 공유가 이루어지지 않은 상황에서 법적으로 선순위라는 이유로 혈연가족에 의해 처러지는 장례는 실제로 상실에 대한 애도가 필요한 많은 사람들을 애도의 자리로부터 추방한다.

「장사 등에 관한 법률」이 개정되어 생전에 지정한 사람이 장례주관자가 될 길이 열렸지만 "사망한 사람이 사망하기 전에 본인이 서명한 문서 또는 「민법」의 유언에 관한 규정에 따른 유언의 방식으로 지정한 자"(제12조 제2항)를 사목에 두어 가~바목까지의 선순위 연고자가 그 지정한 자보다 우선하도록 되어 있다. 무연고라는 것이 확정되어야 그다음 지정된 자가 장례주관이 가능하다는 것이다. 「장사법」에 따른 모든 연고자에게 담당 주무관이 시신 인수 의사를 확인하기 위해서는 시간이 걸린다. 모두에게 회신이 바로 오지 않는다면 14일을 기다리도록 되어 있다. 고인이 병원 이외의 장소에서 사망했다면 선행되는 경찰수사 기간이 추가되고 이를 다 합하면 한 달여의 기간이 소요된다.* 기나긴 안치기간 동안 안치실 비용은 늘어나고 장례를 주관해야 하는 자의 부담이 커진다. 고인의 결정권을 우선하여 생전에 의사를 표명한 대로 장례가 진행될 수 있도록, 사망한 사람이 사망하기 전에 본인이 서명한 문서 또는 「민법」의 유언에 관한 규정에 따른 유언의 방식으로 지정한 자가 최우선순위가 되도록 하는 개정이 필요하다.

시신 인수 의사를 파악하는 과정 역시 개선이 필요하다. 현재는 시신위임서를 한 사람에게만 받을지 혹은 연고자가 여러 명 있을 때 모두에게 받을지 여부가 무연고 사망자 관련 업무 실무 공무원의 재량에 맡겨져 있으며 대체로 선순위부터 연락이 되는 사람에게서 시신위임서를 받는데, 다른 연고자를 대표해서 그 사람이 시신의 처리

---

* 김민석, 「우리의 마지막은 존엄할 수 있을까?」, 『월간 복지동향』 제296호, 참여연대, 2023.

를 위임한다는 내용으로 받는 실정이다. 선순위 연고자가 다른 연고자를 대표하여 시신위임서를 작성하고 시신 인수를 포기하는 경우 장례를 치를 의사가 있는 다른 사람이 있어도 장례를 치르는 것이 불가능하다. 연고자의 시신 인수 의사를 파악하는 과정에서 연고자 범위를 확장하고 범위 안에 있는 사람 중 누구라도 의사가 있다면 장례를 치를 수 있도록 해야 한다.

사망진단서 등의 교부를 받을 수 있는 자의 범위 역시 확대되어야 한다. 환자가 사망한 경우 의사가 사망진단서를 발급해 줄 수 있는 사람을 환자의 직계존속·비속, 배우자 또는 배우자의 직계존속, (모두 없는 경우에는) 형제자매로 제한하고 있는「의료법」제17조의 개정이 필요하다.「장사 등에 관한 법률」제8조에서는 매장·화장 및 개장에 대해 매장을 한 자, 화장을 하려는 자는 매장지 또는 화장지 관할 지방자치단체의 장에게 신고하도록 규정하고 있는데, 이때 필수적인 서류가「의료법 시행규칙」별지 제6호서식의 사망진단서라고 되어 있다. 또한「가족관계의 등록 등에 관한 법률」은 제84조에서 사망신고를 할 때 제85조에 규정한 사람이 사망의 사실을 안 날부터 1개월 이내에 진단서 또는 검안서를 첨부하여야 한다고 규정하고 있다. 이처럼 사망진단서는 시신 인수, 매장, 화장,

사망신고 등 사후 사무를 진행하는 데에 필수적인 서류로 요구되고 있으므로 이에 대한 개정이 없이는 다양한 유대관계에 있는 사람들이 장례 등의 사후 사무를 진행할 수 없다. 따라서 「의료법」 제17조의 범위에 "환자(본인)가 지정한 자"를 포함하는 것으로 개정할 필요가 있다.

영국의 경우 직계가족이 존재하는 경우에도 고인이 유언장을 작성하고 친구나 파트너를 유언장의 집행인(executor)으로 명시했다면, 친구나 파트너가 법적으로 장례주관자가 될 수 있다. 집행인에게는 고인의 장례 및 재산 처리 권한이 있으며, 사망진단서 발급을 바로 할 수 있고 시신 인수에 대한 법적 권한이 부여된다.*

독일에서는 사후돌봄위임장(Vollmacht zur Totenfürsorge)을 별도로 작성할 수 있다. 이 위임장은 가족이나 법적 상속인이 아닌, 본인이 선택한 특정인이 고인에 대한 사망 후의 돌봄을 수행하도록 하며, 장례 준비, 장소 및 방식 선택 등을 포함한 의무를 맡게 된다. 유해 관리나 사망진단서 발급에 대한 권한도 가지고 있다. 유언에 의해서도 장례주관자를 지정할 수 있지만 유언장의 경우 검인의 과정 등 공개되는 데 소요되는 시간이 길어질 수 있어 장례 절

---

*   https://www.thegazette.co.uk/all-notices/content/100635

사후 돌봄에 대한 위임장[*]

나는 다음의 사람을 나의 사후 돌봄 권한자로 지정합니다.
성명: _____
성: _____
출생 이름: _____
생년월일: _____
주소: _____
　　　　_____

위의 사람을 나의 사후 돌봄 권한자로 지정하며, 이 사람은 다음과 같은 권한을 갖습니다.
- 나의 장례절차에 대한 모든 결정을 법적으로 구속력 있게 내릴 수 있는 권한
- 장례 유형 및 묘지 선택
- 장례 서비스를 위한 업체를 선정하고 의뢰할 권한
- 모든 사망 증명서를 수령할 권한

장소, 날짜: _____
위임자 서명: _____

---

[*] "Beststtungsvorsorage", https://www.roga-pietaet.de/downloads/

차에 있어 상속인 이외의 자에게 즉각적인 위임이 필요한 경우 사후돌봄위임장을 작성하도록 하고 있다.*

장례 절차에 대한 자세한 본인의 의향은 장례지시서(Bestattungsverfugung)에 적는다. 장례보험, 장기 기증 카드, 장례용품 계약, 성서, 애도자 명단, 호적, 신분증, 건강보험증 등을 어디서 찾을 수 있는지 위치 정보와 원하는 매장 유형, 매장지 결정, 장례의 시행과 과정, 꽃장식, 성묘, 신문광고, 조문카드 등 기타 서비스, 무덤과 묘비의 디자인 등을 상세히 적어 남길 수 있다.

한국은 어디까지 왔을까? 강동구와 영등포구 등 서울 일부 구에서는 2023년부터 '사전장례주관 의향서'를 받아 행정 시스템에 등록하고 있다. 그러나 양식을 자세히 살펴보면 이는 장례를 주관할 자를 등록한다기보다 1인가구의 위기상황 발생 시 최우선적으로 연락할 비상연락망을 등록해 놓는 것에 가깝다. 그 대상도 1인가구인 65세 이상의 기초생활수급자 중 희망자를 대상으로 하고 있다. 이러한 의향서를 통해 실질적으로 법적 권리를 가질 수 있는 사람은 없다. 다양한 유대관계를 인정하고 장례와

---

* https://www.pflege-durch-angehoerige.de/vorsorge/bestattungsvollmacht-bestattungsverfuegung/

퀴어한 장례와 애도 문화를 위하여

사전장례주관 의향서[*]

---

* 양대규, "강동구, 올해 '존엄한 죽음'…인식부터 지자체 책임", 〈시정일보〉, 2024.03.18.

애도에 있어서 모든 시민이 존중받을 수 있는 권리를 보장하기 위한 변화라기보다 '고독사' 방지나 '무연고사' 행정처리의 효율을 위한 조치로 보이는 이유다.

장례비용의 문제

내 장례식을 치른다고 생각하고 다음 페이지의 견적서를 작성해 보자.

얼마가 나왔는가? 언니네트워크가 2023년 진행한 〈탈가부장:례식〉 전시회에서 전시 작품 중 하나였던 무지개상조 견적서다. 관람객은 나의 장례식, 파트너의 장례식, 원가족의 장례식 등을 상정하여 지역별 대형 병원 장례식장의 비용을 평균 내어 만든 이 견적서를 작성했다. 기록을 남겨준 21명의 견적서 평균은 1,433만 원이었다. 무빈소를 선택한 사람은 한 사람이었다. 충분히, 충실히 애도하기 위한 시간과 공간을 가지고 싶다는 마음에서 각 항목을 선택할 때 지금의 장례문화에서 소요되는 비용은 적지 않다.

장례를 치르는 과정은 결혼식을 준비하는 과정과 매우 비슷하다. 특히 비용이 발생되는 구조가 그렇다. 하객-조문객이 얼마나 올 것으로 예상되는지에 따라 결혼식장-장례식장이라는 공간의 크기를 결정한다. 안치실, 입관실, 빈소라는 공간 대여료가 발생된다. 그 안을 채울 꽃

탈 가부장:례식 견적서

작성자 _____

누구의 장례식인가요? _____ 예상 비용은 얼마인가요? _____

1번 시설사용료 — 빈소, 접객실, 안치실, 입관실 사용료

항목별 금액을 적고 계산해 보세요

1-1) 크기
- ① 30~50평 가족-친지장등 소규모장 / 70명~150명 / 240만원 (1일 80만원*3일)
- ② 50~100평 (일반장) / 390만원 (1일 130만원*3일)
- ③ 100평 이상 (대형) / 150명~400명 / 600만원 (1일 200만원*3일)
- ④ 무빈소 / 50만원 / 안치실, 입관실 사용료

_____ 만원

2번 제단 (무빈소를 선택하셨다면 2번항목은 모두 건너뛰어도 되지만 추모제를 생각하며 선택을 해도 좋습니다.)

2-1) 제수 음식
- ① 기본제사 (상식 2회) / 30만원
- ② 제사 (초배상 까지) / 50만원
- ③ 제사를 하지 않음 / 0원

_____ 만원

✓ **2-2) 제단 장식** 영정사진 + 꽃 장식 + 위패
- ① 기본형 / 90만원
- ② 중간형 / 120만원
- ③ 특형 / 200만원
- ④ 고인 유품/사진 장식 / 0원

_____ 만원

✓ **2-3) 인력서비스** 장례지도사 1명 + 도우미 2명
- ① 기본형 가족-친지장 등 소규모장 / 170만원
- ② 중간형 / 220만원
- ③ 손님이 많을 경우 / 270만원

_____ 만원

✓ **2-4) 상주상복**
- ① 5인 / 30만원
- ② 10인 / 50만원
- ③ 15인 / 80만원

_____ 만원

3번 조문객 응대 (무빈소를 선택하셨다면 3번항목은 모두 건너뛰어도 되지만 추모제를 생각하며 선택을 해도 좋습니다.)

3-1) 식사 2022년 평균 1인당 2.5만원
- ① 기본 100명 이하 / 300만원
- ② 중형 200명 이하 / 500만원
- ③ 대형 300명 이하 / 700만원
- ④ 대형 500명 이하 / 1000만원

3-2) 기타 옵션
- ① 술을 마시는 사람이 많음 / 별도 문의
- ② 다회용기 사용 / 별도 문의
- ③ 채식 / 별도 문의
- ④ 뷔페식 / 별도 문의

_____ 만원

4번 장례용품

✓ **4-1) 입관용품** : 관 + 관 장식 꽃
- ① 오동나무 관 / 30만원
- ② 향나무 관 / 100만원
- ③ 종이 관 / 20만원

✓ **4-2) 수의** (관 안의 장식품 포함)
- ① 기본 / 30만원
- ② 대마형 / 50만원
- ③ 궁중수의 / 100만원
- ④ 기타옵션 : 고인일상복 / 0원

_____ 만원

5번 장지   택 1

5-1) 장법
- ① 관내 화장 / 고인의 주소지와 화장지가 같은 지역 / 30만원
- ② 관외 화장 / 100만원
- ① 매장
  - ② 매장 (소유 부지 있음) / 350만원   택 1
  - ③ 매장 (부지 필요함) / 1,000만원

5-2) 2차 장지
- ① 봉안당 / 200만원
- ② 수목장 / 200만원
- [접근성] ① 서울 근교 (대중교통 접근 가능) 800만원
- ② 교외 400만원
- [실내외] ① 실내 100만원
- ② 실외

_____ 만원

최종 견적 _____ 만원

언니네트워크

장식을 얼마나 할지, 식사의 구성을 어떻게 할지, 도와주는 사람을 몇 명으로 할지 등의 결정 하나하나에 따라 비용이 달라진다. 그나마 앞의 견적서는 내가 조합을 마음대로 구성할 수 있도록 되어 있지만 상조상품을 이용한다면 장례지도사, 장례도우미, 입관용품, 봉안함, 제단장식, 수의, 관, 기타 장례용품 등이 패키지로 구성되어 있어 그 중 일부를 내가 원하는 대로, 비용이 적게 드는 방향으로 선택할 수 없다.

공영장례식장을 운영하는 서울시설공단이 시민 정보 제공 차원에서 조사한 장례비용은 빈소사용료(3일장 기준) 186만 원, 장의용품 및 염습 320만 원, 안장 260만 원 등을 합쳐 평균 1,189만 원 정도가 들어간다.* 고인의 삶에 대한 판단은 장례에 얼마만큼의 비용을 쓸 것인지에 영향을 미친다. 사회적으로 성공하지 못한 삶이라고 평가하고 이 사람을 애도하기 위해 시간과 돈을 쓸 사람이 별로 없을 것이라고 단정 짓는다면 장례식을 생략하거나 간소화하기 쉽다. 장례문화에서 상업적으로 강요된 비용을 덜어내는 것과 별개로 충분한 애도를 위한 공간과 분위기를

---

* 이상무, "장례비 1000만원... 돈 없어 동생 주검 포기합니다", 〈한국일보〉, 2017.08.24.

2023년 10월 27일부터 11월 5일 사이 언니네트워크가 개최한
<탈가부장:레식> "우리 이제 안녕이네" 세션 대안 빈소의 모습.
테이블에 하얀 천이 덮여있고 그 위에 노란색, 흰색 꽃다발과 무지개
깃발이 놓여 있다. 테이블의 가운데 빈 액자가 놓여 있어 방문객이 사진을
두고 추모의 시간을 가질 수 있다. 테이블의 앞쪽 바닥에는 헌화할 수 있는
꽃 바구니와 LED 초, 분홍색, 노란색, 흰색의 다양한 꽃이 장식되어 있는
꽃바구니가 놓여 있다. 벽에는 차별 금지와 환대의 메시지가 적힌 포스터가
붙어 있고 바깥쪽에서 안쪽으로 가면서 주황색과 보라색, 푸른색으로
변화하는 둥근 모양의 조명이 비춰진다.

사진 제공: 언니네트워크

만들기 위해 다투는 것은 '장례투쟁'이다.

다양한 돌봄과 유대관계의 사람들이 실질적으로 애도의 권리를 가지기 위해서는 비용의 문제를 무시할 수 없다. 「의료법」, 「장사법」이 개정되어 생전의 다양한 유대관계의 사람들이 장례를 주관할 수 있다고 하더라도 간병으로부터 이어지는 병원비의 문제, 장례비, 유품정리 등 사후에 있을 수밖에 없는 각종 행정처리에 들어가는 비용을 감당할 수 없다면 장례를 치르고 싶은 마음이 있어도 치르지 못하게 된다. 〈나눔과 나눔〉에 따르면 법적 가족이 아닌 지인이 장례를 주관하고자 했을 때 "병원비를 정산하지 않으면 10년이고 안치실에 고인을 방치할 겁니다"라며 시신을 볼모 삼아 병원비 정산을 요구받는 사례가 드물지 않다고 한다.* 미등록 이주노동자의 경우 건강보험을 적용받지 못해 쌓인 고액의 치료비와 본국의 가족을 찾는 사이에 누적된 시신안치료, 시신송환료 등 비용의 부담 때문에 시신 인수를 포기하는 경우가 생긴다.**

〈나눔과 나눔〉의 박진옥은 무연고사망자가 2020년 전년대비 480명 증가한 반면, 2021년에는 전년 대비 352

---

* 그루잠, "볼모로 잡힌 무연고 사망자의 시신", 〈프레시안〉, 2021.12.05.
** 심윤지, "죽어서도 차별받는 이들, 이주노동자…아무도 이들의 죽음에 책임지지 않았다", 〈경향신문〉, 2019.10.03.

명 증가하였다고 밝히며 코로나19로 인해 사회적 관계가 약화된 상황 속에서도 무연고사망자가 심각하게 증가하지 않은 이유에 대해 사망자에 대한 장례비용 지원이 영향을 미쳤을 것이라 추론한다.[*] 코로나19 사망자에게 정부에서 시신을 선화장하는 비용 지원뿐 아니라 방역 조치에 협조한 유족에 대해 정액으로 1천만 원을 지원했다. 선순위 연고자가 장례 비용이 없어 시신 인수를 포기하는 경우 무연고사망으로 집계되는데 평균 장례비용에 준하는 지원금이 지급됨으로 인해 이러한 시신 인수 포기 사례가 줄어들었을 것으로 추정한 것이다. 애도할 권리를 실질적으로 보장하기 위해서는 비용의 공공화가 필요하다는 점을 보여준다.

스웨덴에서는 베그라브닝사브기프트(Begravningsavgift)라는 세금을 국민에게 부과하여 이를 장례식이나 납골 비용에 충당한다. 근로소득자라면 월급에서 공제하며 이는 모두를 위한 재원으로 쓰이는데, 누구라도 사망하면 유산으로 충당하지 못한 시신 운구비, 장례식장 사용료, 시신 안치비, 화장 비용, 25년간의 묘지 이용을 지원한다.[**] 이러

---

[*] 박진옥, "코로나19가 무연고사망자를 증가시켰을까?", 〈오마이뉴스〉, 2022.05.11.

[**] 고타니 미도리, 현대일본사회연구회 역, 『죽음과 장례의 의미를 묻는다』,

한 장례비용의 공공화는 장례를 단순히 시신의 처리 과정으로서가 아니라 죽은 이가 사회와 맺어온 관계를 질문하고 차별을 해소하는 과정으로 이해할 때, 또한 애도할 권리를 실현하는 장으로서 산 자의 시민권과 사회적 책임을 질문하는 과정으로 이해할 때 비로소 가능할 것이다. 장례에 대한 사회적 인식체계 전환과 함께 한국에서도 기초생활수급자 사망 시 장례비를 지원하는 장제급여 등을 모든 시민을 위한 장례와 애도에 대한 비용 지원으로 확대하여 적용할 필요가 있다.

『좋은 시체가 되고 싶어』에는 비영리단체 '크레스톤 삶의 끝 프로젝트'의 사례가 나온다. 미국식 장례 비용은 매장 절차와 묘지 비용을 빼고도 평균 8,000달러에서 1만 달러 사이인데 크레스톤은 이 과정을 "슬픔과 자금 압박에 시달리는 기간에 경제적 부담이 큰 결정을 내려야 하는 일반 소비자들이 이해하기 어렵게 만든 것 같은, 사람을 헷갈리게 하고 전혀 도움도 안 되는 체계"라고 평한다. 이들은 의료화되어 있는 생애말기에서 죽음과 장례식으로 이어지는 과정을 반대하며 유족과 함께 시신을 안치실에서 몰래 빼내 장작더미를 가지고 이곳저곳 옮겨 다니

한울, 2019.

며 순식간에 사유지에서 화장을 해주고 빠져나갔다. 현재는 합법적으로 야외 화장이 가능한 곳을 찾아 운영하고 있다. 크레스톤 삶의 끝 프로젝트에서 뽑아본 장례 비용은 장작 구입, 소방서 직원들의 입회, 들것 비용, 토지 사용 등에 대한 기부금에 가까운 500달러이다.* 한국에서 크레스톤의 사례를 바로 제도화하자는 이야기가 아니다. 크레스톤 역시 상업화된 미국의 장례문화에 저항하는 비영리단체다. 다만 장례와 애도의 과정을 시민으로서 존엄의 자리를 회복하는 공적 영역으로 자리매김하고 부담을 공공화하는 것과는 다른 갈래로 상업적 장례 절차의 고리 하나를 전혀 다른 형태로 바꿈으로써 비용을 줄이는 다양한 도전도 필요하다. 장작을 쌓고, 태우고, 장례식에 모인 지역사회의 지인들이 각자 주워 온 잘 마른 나뭇가지 하나씩을 던져 넣으며 고인에 대해 한마디를 나누고 추모하는 시간을 가지는 모습은 상업화에 저항하는 새로운 장례의 형식이 우리의 애도의 방식과 내용을 바꿀 수도 있음을 보여준다.

---

* 케이틀린 도티, 임희근 역, 『좋은 시체가 되고 싶어』, 반비, 2020, 29쪽.

소수자의 삶을 이해하는 의료, 돌봄, 죽음

　파트너와의 관계나 당사자의 정체성을 전부 다 드러내지 못하더라도 고인과 파트너 혹은 지인의 관계를 적극적으로 피력하고 장례의 과정이 고인의 의사대로 진행될 수 있도록 도와주는 조력자가 있다면 차별 가운데서도 애도가 가능해진다. 하지만 이러한 조력이 없다면, 생전에 돌봄과 유대의 관계가 없거나 자원이 부족한 경우 죽음을 맞이하는 과정이나 상실을 애도하는 과정에서 소외감이 더 깊어질 수 있다. 자신의 삶과 죽음을 의미화하고 장례를 치르고 애도하는 과정을 개인적 관계자원에만 맡겨둔다는 것은 관계자원을 형성할 수 있는 사회적 조건의 불평등을 고려하지 못하는 것이다. 따라서 죽음과 애도 과정의 차별을 해소하기 위해서는 파트너, 친구나 이웃, 가까운 지인 등 관계자원을 다르게 가지고 있더라도 도움을 받을 수 있어야 한다.

↳　그러니까 더군다나 이제 동양에서 온 사람들은 특히 성소수자라는 것에 대해서 굉장히 조심을 많이 해요. 그걸 털어놓을 수가 없

는 거예요. 그래서 여기는 모두 이해하니까 네가 하고 싶은 말 있으면 하도록 하죠. 성소수자에다가 독일 말도 못하고 그러니까 매우 힘들게 사는 경우가 많아요. 저희는 그러지 말고 당당해져라, 여자를 좋아하든 남자를 좋아하든 그게 그렇게 문제가 되는 게 아니라 자신이 행복해야 되니까 자기 자신을 한번 돌아보자고 하죠. (...) 어떻게 보면 정체성 찾아가는 거랑 비슷한데 오히려 죽음을 준비하면서 그걸 다시 한번 돌아보는 시간이 더 중요하죠. (김인선, 동행-이종문화 간의 호스피스)

독일에서 '동행-이종문화 간의 호스피스'를 운영하는 인선은 이주자들을 위한 장례서비스를 제공하고 있다. 레즈비언 파트너이자 독일에서 호스피스 전문가로 살아왔던 두 사람은 이주자들이 삶을 마무리할 때 고향에 대한 그리움이 매우 커지며, 고향의 언어와 음식을 다시 접하기를 원하고, 시신이 고국에 전달되기를 바라기도 한다는 점에 주목했다. 그들은 호스피스 단계에서 삶을 마무리할 수 있는 프로그램을 마련하고, 자신이 원하는 것이 무엇인지, 그것을 어떻게 실현할 수 있는지를 준비할 수 있도록 돕는다. 이주자 중에서도 퀴어가 있는데 이들의 경우에는 고국 커뮤니티에서 자신을 온전히 드러내는 것이 쉽지 않은 경우가 많아 특별히 인선의 지원이 절실한 경우가 있다고 했다. 퀴어 또한 자신이 누구인지, 어떻게 죽음을 준비할 것인지를 돌아보는 기회를 갖는 것이 퀴어로서 잘 죽는 방식이다.

『각자도사 사회』에 따르면 90년대까지는 집에서 죽음을 맞이하는 재택사의 비율이 높았던 것과 다르게 점차 생애말기를 병원에서 보내게 되는 비율이 높아지면서 2020년에는 병원사 비율이 75.6%에 달하게 되었다고 한다. 장기요양보험제도 안에서 이제 노인은 '집-급성기병원-요양병원-요양원 전달 체계' 속에 생애말기를 '환자'로서 병원에서 지내다 죽음을 맞이한다. 죽음에 이르기 전 많은 시간을 병원을 가까이하며 지내야 할 때, 이 과정에서 의사로부터 정보를 함께 듣고 의논하고, 간병인으로 병원에 머무르고, 때로는 면회를 오고, 당사자가 의식이 없는 위급 상황에는 의료결정을 할 수 있는 '동행', '보호자'가 필요하다. 이 자리에 항상 직계가족만이 있어야 한다면 장례 절차에 다양한 유대관계를 포괄하는 변화가 있더라도 그것은 반의 반쪽도 안 되는 변화일 뿐이다. 생의 돌봄과 죽음은 딱 잘라 떨어뜨릴 수 있는 별개의 과정이 아니라 연속되어 있다.

↳ HIV/AIDS 감염인(이하 감염인)은 평생 병원을 다녀야 한다.

에이즈는 만성질환이기에 죽을 때까지 약을 먹어야 하고. 면역상태, 바이러스 정량 검사 등을 주기적으로 해야 되기 때문이다. 그 외에도 에이즈로 인한 기회질환(결핵, 폐렴, 종양, 거대세포바이러스 등)이 많이 발병하여 입원 치료를 받아야 하는 경우가 많다. 그런데 입원을 하려면 보호자나 보증인을 요구하는 병원들이 대부분이다. 에이즈를 이유로 가족들의 외면과 냉대로 가족과 단절된 감염인들이 많다. 특히 성소수자 감염인들은 감염 사실을 알기 전부터 성정체성, 성별지향 때문에 이미 가족과 단절된 경우들이 많다. 이런 현실에서 직계가족 보호자나 보증인을 요구하는 병원들 때문에 감염인은 입원을 포기하거나 의료의 질이 떨어지는 국립의료기관으로 옮긴다. 국립의료기관은 HIV 감염인이 가족과 단절되는 문제를 감안하여 보호자를 요구하지 않아 입원은 수월하다. 하지만 국립의료기관은 의료인들이 기피하는 병원이어서 경험 많은 교수급 의사가 거의 없고, 젊은 의사 위주여서 위중한 환자의 치료나 수술(골절, 암, 망막 등)이 불가능하다. 이런 위중한 환자의 치료나 수술은 교수급 의사가 있는 대학병원으로 의뢰하여 보호자나 보증인이 또 필요한 상황이 된다.[*]

---

[*] 윤 가브리엘(HIV/AIDS인권연대 나누리+),「HIV/AIDS감염인에게 HIV/AIDS감염인에게 의료결정권 위임자는 절실히 필요하다」,『소수자의 가족구성권을 위한〈의료결정권〉워크숍』, 2012.

한국의 현행 「의료법」상 '보호자'에 대한 정의는 없다. 직계가족으로 한정되어 있지 않다는 이야기다. 다만 환자가 의사를 표현할 수 없을 때 의료결정을 할 수 없는 자의 순위가 열거되어 있을 뿐이다. 그러나 현장에서는 '보호자'가 곧 법적 가족과 일치하는 것으로 해석된다. 법적 가족을 요구하는 의료 현장에서 HIV/AIDS 감염인은 적절한 의료조치를 받지 못하고 건강권을 침해당한다. 장례와 애도의 과정에서 존엄이 사라지는 것은 죽음과 함께 갑자기 나타나는 것이 아니다. 이미 간병, 요양, 돌봄 등 삶의 마무리 단계에 연결된 많은 과정에서 소수자의 삶을 이해하는 시스템과 조력자가 부족하기 때문이다. 조력을 개인의 자원에 기대지 않고 불평등을 해소하기 위해서는 의료와 돌봄 과정에서 소수자의 삶을 이해하는 교육을 제도화할 필요가 있다. 간병인, 요양보호사, 장례지도사 양성과정이나 병원, 요양원, 장례식장 등의 죽음과 애도와 관련된 기관 관계자 교육 과정에 소수자가 경험하는 차별 사례와 대안에 대한 내용이 포함되어야 한다.

또한 그 과정에서 당사자가 지정한 사람이 조력을 제공할 자격이 있다는 것을 보장하는 제도가 필요하다. 한국은 현재 연명치료와 관련해 생전에 의료적 지시를 결정할 수 있는 사전연명의료의향서만 통용되지만 사전의료지시서는 이보다 폭넓은 위임장이다. 미국의 경우 주별로 양식과 명칭이 조금씩 다르지만 의료위임장(Medical Power of Attorney)과 사전의료지시서(Advance Medical Directive)를 두고 있는데, 의료위임장은 본인이 의사 결정을 할 수 없을 때 대리인이 의료 관련 결정을 내릴 수 있도록 권한을 부여하는 것이며 사전의료지시서는 본인의 의료 및 장례에 대한 구체적인 지시 사항을 미리 작성해 두는 문서이다. 사전의료지시서를 통해 연명 치료의 거부 또는 제공 여부, 장기 기증 의사, 장례 방법(매장 또는 화장) 등을 명시할 수 있다.

미국의 휴먼라이츠캠페인재단(Human Rights Campaign Foundation, HRC)은 레즈비언, 게이, 바이섹슈얼, 트랜스젠더 등 미국의 성소수자들의 인권 증진을 위해 일하는 미국의 시민단체로, 홈페이지에서 LGBTQ+ 가족을 위한 병원 면회 가이드를 통해 사전의료지시서와 의료위임장 작성에 대해 안내하고 있다. 그러나 안타깝게도 위임장이 있음에도 불구하고 차별이 일어날 가능성은 있다. 2009년 5월 20일 리사 폰드가 동맥류로 쓰러졌는데 병원에 이송되어 임종하기까지 리사와 18년 동안 파트너 관계였던 제니스 랭벤은 8시간 동안 리사를 볼 수 없었다. 제니스와 자녀들은 리사의 임종에 함께할 수 있게 해줄 것을 간청했지만 받아들여지지 않았다고 말했다.* 제니스는 리사에 대한 의료위임장을 가지고 있었고, 이를 병원에 알렸으며 리사의 회복 가능성이 없어 방문을 거절할 의학적 이유가 없었음에도 불구하고 면회를 거부당했다. 이 사건에 대한 소송(Langbehn v. Jackson Memorial Hospital)이 진행되고 이후 2011년 오바마 정부는 환자의 병원 방문 권리에 대한 연방 규정을 발효했다. 메이케이드(Medicaid) 및 메디케어(Medicare) 프로그램에 참여하는 병원은 ① 환자가 지정한 면회자(동거인 포함)를 면회할 권리가 있음을 각 환자에게 알리고, ② 성적 지향과 성 정체성 등을 이유로 면회권을 제한하거나 한정하지 않으며, ③ 모든 면회자가 환자의 희망에 따라 완전하고 평등한 면회권을 갖도록 해야 한다는 것이다.** 이런 원칙을 지키지 않는 병원에 대해서는 지원금을 중단한다는 강력한 제재를 동반하고 있다. 보호자를 가족으로 해석하는 규정이 없음에도 불구하고 당연하게 가족으로 여기는 것처럼 의료위임장도 현장에서 적용

---

* "Lesbians Sue When Partners Die Alone", ABC News, 2009.05.20.

** https://www.hrc.org/resources/hospital-visitation-guide-for-lgbt-families

되는 데에는 많은 걸림돌에 부딪힐 가능성이 있다. 개별 현장에서 정말 '실행'이 되기 위해서는 차별 금지의 원칙과 이를 적용시키기 위한 지원이 적극적으로 필요하다.

다채로운 애도의 방식

> 애도에는 자격을 따지지 않습니다.
> 1. 모두를 환영합니다. 모든 인종, 모든 지역, 모든 종교, 모든 몸, 모든 젠더, 모든 성적 지향, 모든 종류의 친밀함, 모든 가족구성을 환영합니다.
> 2. 우리는 당신의 편에 서 있습니다. 우리는 여기서 안전합니다.
> 3. 고인과 얼마나 긴 시간, 얼마나 깊게 알았는가와 관계없이 각자의 상실을 위로할 수 있는 만큼 충분히 머물다 가세요.

암막 천으로 가려져 있는 추모 공간으로 들어가면 바로 맞은편에 고인에게 마지막 인사를 하러 온 사람들을 환대하는 메시지가 붙어 있다. 흰 천으로 정갈하게 정리된 탁자 위에 노랗고 하얀 꽃들과 무지개 깃발이 놓여 있다. 조도가 낮은 홀로그램 조명이 벽을 비추는 가운데 음악이 흐른다. 놓여 있는 빈 액자에 고인의 얼굴이나 고인과의 추억이 담긴 사진을 여럿 끼워넣고 조용히 혼자 의

자에 앉아 바라본다.

    한국 사회의 정상가족 중심주의를 비판하며 2000년대 초반부터 결혼제도와 가족제도의 바깥에서 생존하기 위해 비혼운동을 지속해온 언니네트워크는 2023년 〈탈가부장:례식〉이라는 이름의 전시회를 개최했다. 그 어떤 장소보다도 고인이 살아 있을 때의 관계와 삶이 얽히고 맞부딪히는 장소인 장례식장을 성평등과 가족구성권의 관점에서 재구성해 보고 죽음과 장례에 관련된 차별이 어떤 형태로 드러나며 그것에 어떻게 대응할지를 상상해 보자는 것이 취지였다. 관람객들은 차별과 낙인의 말, 법제도, 장례문화를 지나 평등한 장례식장에 대한 상상으로 나아간다. 나의 장례식에서 사용할 '영정네컷'도 촬영해 보고 나를 떠난, 우리를 떠난 사람들에 대한 추모의 메시지도 적어 본다. 앞서 묘사한 공간은 떠난 사람의 삶을 오롯이 드러낼 수 있고 조문하는 사람은 진심으로 고인을 안녕하는 시간을 가질 수 있도록 한 '우리 이제 안녕이네'라는 대안빈소다.

    언니네트워크에서 기획한 '무지개상조'는 별도의 팸플릿을 통해 상조 서비스를 안내한다.

고인의 삶을 기억하는 제단 꾸미기
- 꽃장식도 좋지만 방문하는 사람들이 고인이 어떤 삶을 살았는지 알 수 있는 사진, 물품을 제단에 두어도 좋습니다. 내가 기억하는 그가 어떤 이였는지 다른 사람과 함께 나누어보세요.

자유로운 수의 선택
- 수의 선택은 때로 고인의 삶을 부정하는 형태로 이루어질 수 있습니다. 무지개상조는 고인의 정체성, 삶의 가치를 부정하지 않는 수의 선택이 이루어질 수 있도록 도와드립니다. 젠더리스, 트랜스젠더, 게이, 레즈비언 등 다양한 정체성을 가진 사람들이 '나다운' 모습으로 이별의 순간을 맞이할 수 있도록 지원합니다.
- 삼베 수의는 반드시 해야 하는 것이 아닙니다. 평상시 고인이 즐겨 입던 옷으로도 수의를 선택할 수 있습니다.

다채로운 조문객 복장
- 되도록 차분한 복장으로, 검은색 혹은 어두운 색감의 옷으로 조의를 표하는 문화가 일반화되어 있지만 반드시 꼭 그래야만 하는 것은 아닙니다.
- 무지개상조는 고인이 생전에 남긴 의사나 장례를 주관하는 사별자의 의사를 고려하여 조문객의 복장에도 유연한 기준을 세우고 안내해드립니다. 모두가 체크남방을 입고

온다고 해도, 드랙을 한 채여도, 세상 화려한 색감의 옷을 입어도 그것이 애도의 방식이 될 수 있습니다.

장례식을 벗어난 추모제 기획

- 고인의 의지나 사별자의 바람에 따라 장례식장을 벗어나서 추모의 자리를 만들 수 있습니다. 상실의 충격을 소화할 수 있는 충분한 시간을 가지고 좀 더 나중에 추모제를 진행할 수도 있습니다.
- 무지개상조에서는 친구, 동료, 가족, 파트너 등이 각자의 기억 속에 담고 있는 중요한 사진들을 모아 추모 트리를 만들거나 고인의 작품을 전시하거나 추모의 글을 읽는 등 다양한 형식으로 추모제를 같이 기획해드립니다.

사별자의 상황에 맞는 견적 상담

- 모든 장례가 3일장으로 이루어져야 하는 것은 아닙니다. 장례에 소요되는 비용에 대해 각자는 다른 예산규모를 생각하고 있을 수 있습니다. 때로는 병원비 등으로 장례비용에 남겨둔 예산이 소요될 수도 있습니다. 무지개상조는 다양한 조건에 맞추어 빈소 없이 장례를 진행하고 무빈소로도 남겨진 이들이 추모할 수 있는 대안을 제시해드립니다.

무지개상조의 아이디어는 완전히 무에서 창조된 것이 아니다. 국내의 작은 상조에서 이미 무빈소 장례가 가능하다는 것을 안내하고 비싼 수의나 장례용품 없이도 평상복이나 기념할 만한 물품으로 장례를 치르는 방법을 알려주고 있다. 생전에 고인이 그렸던 그림이나 만든 작품을 전시하여 추모제를 진행하기도 하고 여러 색을 가진 꽃으로 관을 장식해 주기도 한다. 세븐폰즈(SevenPonds)라는 미국 샌프란시스코의 장례업체는 죽음과 임종에 관한 선택권에 대해 사람들을 교육하고 도움을 제공하는데, "검정은 안녕: 추모식을 위한 컬러풀한 복장(Goodbye, Black: The Color-Coordinated Memorial Service Attire)"이라는 제목의 글에서는 고인을 사랑하고 그리워하는 것을 잘 나타내는 색상의 옷을 입을 수 있다고 안내한다. 해당 글에는 각양각색의 옷을 입은 사람들이 무지개처럼 환하게 웃는 사진이 첨부되어 있다.*

법제도는 아직 어쩔 수 없는데 자본은 협상할 수 있는 영역이 될 때, 장례와 애도의 과정에서 다채로움을 추구한다는 것은 새로운 상품과 새로운 쓰레기를 만들어내기 쉽

---

* "Goodbye, Black: The Color-Coordinated Memorial Service Attire", ⟨SevenPonds⟩, https://blog.sevenponds.com/practical-tips/goodbye-black-the-color-coordinated-memorial

다. 이름 없는 빈소, 이름 없는 관계, 이름 없는 삶의 서사를 넘어 삶과 죽음에 걸쳐 성소수자의 존재와 관계를 가시화한다는 목적 없이 만들어지는 새로운 형식은 대안이 아니라 법적 가족 바깥에서의 차별을 상품화하는 것에 불과하다.

『여섯 밤의 애도』의 저자 고선규는 자살사별자 자조모임 '메리골드'를 운영하고 있는데 이 모임에는 파트너를 잃은 성소수자 사별자가 나오기도 한다. 자조모임 '메리골드'엔 팔찌가 있는데 고인과 관계에 따라 구분된 팔찌를 착용한다. 그중엔 파트너 팔찌도 있다. 굳이 말로 하지 않아도 어떤 상실인지 이해할 수 있는 장치가 참가자들을 위로한다. 말할 수 없었던 것을 말할 수 있게 하는 장치는 아주 작은 것으로도 가능하다. 무지개상조는 정말 이런 상조가 있어야지만 차별과 낙인이 해소된다고 이야기하기 위한 아이디어가 아니다. 삶과 죽음에 걸쳐 무지개가 뜰 때까지 정말 서로-도움이 계속되기를, 우리에게 필요한 상조는 그것이다.

나가며

　이 책을 쓰는 과정에서 또 다른 이별의 소식들이 들려왔다. 법적 가족이 아닌데 당장 사망신고는 어떻게 하는지, 사망보험 지급절차는 어떻게 진행되는지, 각종 공과금 납부는 어떻게 해야 하는지, 법적으로 남인데 고인의 통장에서 돈을 인출해 장례비용으로 써도 되는지, 신용카드는 어떻게 해지하는지 질문과 답이 네트워크를 타고 건너건너 전달되었다. 남겨진 사람이 고인과 함께 살고 있던 관계라는 걸 알게 된 경우에는 보증금은 누구 명의로 되어 있는지, 당장 집을 나가야 되는지, 보증금을 구할 때 돈을 얼마나 분담해 넣었는지, 그걸 증명할 수 있는지, 평소에 생활비는 어떻게 부담했는지, 공용통장을 쓰고 있다면 그 돈은 어떻게 하는지 등 무엇을 해결해 나가야 하는지 등을 파악하고자 하는 물음이 이별의 소식을 들은 사람들 사이에서 이어졌다.

　제도의 빈틈 속에서 살아간다는 것은 이렇다. 생각하지도 못한 사소한 일 하나하나도 '어떻게' 해야 하는지 정리되어 있는 바가 없는 길을 찾아가야 하는 일이다. 길을 찾기 위해 질문하고 답을 찾아온 여정은 짧지 않다. 먼저 있었던 다른 사람의 사연 위에 답을 더하고 비슷한 상실을 겪은 다른 누군가에게 어떻게 대처하면 더 좋을지를 편지로 전달하며 서로에게 더 나은 방법을 전달하고자 했던 많은 이들의 노력과 유대로 이어진 여정이다.

그러나 서로에게 연결되려고 하는 퀴어하고 난잡한 삶의 유대를 개인의 노력으로 남겨둘 수만은 없다. 질문과 답이 오갈 수 있는 네트워크에 접속하고 공동체를 만드는 것 역시도 사회적 조건을 기반에 두고 있다.

2013년 〈경향신문〉에 "60대女, 40년 지기 '암' 걸리자… 투신"(2013.10.31)이라는 기사가 보도되었다. 부산의 한 아파트에서 60대 여성 A씨가 투신을 해 사망한 사건에 대한 기사였다. A씨는 고등학교 졸업 후 40년간 여고 동창 B씨와 함께 한 아파트에서 동거하며 살았다. B씨가 말기 암 판정을 받고 입원하자 A씨는 간병을 하면서 B씨의 명의로 된 아파트를 자신의 명의로 바꾸고 사망보험금의 수익자를 변경하고자 했으나 B씨의 조카가 나타나 A씨가 간병하는 것을 막았다. B씨의 조카는 둘이 함께 살았던 아파트의 열쇠를 바꾸고 출입을 못 하게 했다. A씨는 B씨의 간병도 하지 못하고 살던 집에도 들어가지 못하게 되었고 다른 집에 옮겨 살던 와중 뒤늦게 A가 숨졌다는 소식을 듣자 목숨을 끊은 것이다. 당시 타 언론에서는 금전적 가치가 있던 B씨 명의의 물품을 A씨가 가져가고 집의 명의 이전을 요구한 것이 문제의 시발점인 듯 보도했다. '그녀들'의 정체성도 성적 지향도 둘의 관계도 무엇이었는지 알 길은 없지만 이 사건은 소수자의 삶의 자리와 죽음의 자리, 애도의 가능성에 대한 여러 질문을 던지게 만든다.

어째서 이 40여 년이라는 긴 공동생활은 친척이라는 혈연으로 이어진 법적 지위에 대항하지 못하는 것일까. 어째서 이별의 시간도 애도의 기회도 갖지 못하게 하는 것일까. 언론에 보도된 대로 한쪽이 온전히 경제적인 부분을 책임졌다고 하더라도 긴 세월 동안 공동의 생활을 영위해 오면서 이룬 자산이 어느 한쪽의 기여로만 가능하지는 않았을 텐데 이 기여는 왜 인정될 수 없을까. 법적인 관계가 아니라는 이유로 오랫동안 살아왔던 주거공간에서 한순간에 쫓겨날 수밖에 없는 상황이 되는 것은 어째서일까. 관계의 해소가 사망으로 인해, 특히 갑작스러운 사망으로 인해 일어날 경우 자산을 형성하지 못했던 사람을 더더욱 빈곤한 상태로 만들어 버리는 현실을 어떻게 바꿀 수 있을까. 누구나 맞닥뜨릴 수 있는 질병과 사망이라는 순간이 어째서 이 사람들이 어떤 관계인지를 증명해야 하는 순간으로 변모하며 관계를 인정받지 못한 '개인'이 이 사회에서 '생존'할 수 없게 되는 것일까. 그/녀를 살아남게 하는 또 다른 관계망은 어째서 만들어지지 못했을까.

애도의 정치는 다양한 유대의 관계가 어떻게 죽음을 '통과'할 수 있는지를 묻는다. 내가 지정한 사람, 함께 살아온 동반자가 장례와 애도에 대한 실질적인 권한을 가지는 것을 요구함과 동시에 남겨진 사람들의 삶이 어떻게 이어질 수 있는지 질문을 던진다. 삶에서 시민의 자리를 갖지 못하는 것이 죽음 이후 남겨진 자의 삶에 더 큰 불평등이라는 유산으로 전해지지 않도록 권리를 요구한다. 애도의 정치는 파트너 관계, 생활공동체 관계 외연에 돌봄의 조력이 이루어질 수 있는 '더 다양한 유대의 관계'가 만들어질 수 있는 삶의 조건이 무엇인지를 묻는다. 나이, 질병, 장애, 지역, 빈곤 등 각자가 가진 조건이 상호의존의 생태계가 출현하기 어렵게 만드는 사회적인 배제와 차별로 이어지지 않기를 요청한다. 애도는 감정에서 그치지 않는다. 애도에는 정의가 필요하다.

가족구성권연구소는 2006년 시작된 '다양한 가족 형태에 따른 차별 해소와 가족 구성권 보장을 위한 연구 모임'을 전신으로 한다. 호주제 폐지 이후로도 계속해서 정상가족과 위기가족을 나누고, 친밀한 결속을 이룰 수 있는 시민과 그렇지 않은 시민을 나누는 한국 사회에서 가족제도의 변화를 촉구해 왔다. 2019년 연구소로 전환한 이후로도 다양한 가족의 차별 해소와 모든 사람이 원하는 가족이나 공동체를 구성하고, 차별 없는 지위를 보장받을 수 있는 가족구성권이 확보되는 사회를 위해서 활동해 왔다. 가족구성권연구소는 특히 위기의 순간에 소수자의 친밀한 관계에 대한 어떠한 제도적 보장도 없는 상황에 대해 유언장으로라도 스스로 구제할 방법을 찾기 위해 〈찬란한 유언장〉이라는 사업을 하고, 〈비정상가족의 비범한 미래기획〉이라는 이름으로 다양한 가족결합의 모습을 보여주고 소수자의 의료결정권이 어떻게 확보될 수 있을지 이야기했다. 이 책은 이런 가족구성권연구소 활동의 궤적을 믿고, 죽음과 장례, 결국은 삶에서의 차별받지 않는 시민으로서의 권리를 위해 자신이 겪은 장례와 애도에서의 차별 상황을 공유해준 인터뷰이들에게 크게 빚지고 있다.

이 책이 가닿기를 바라는 사람들이 있다. 지인의 부모님 상에 대한 부고 문자를 받기 전에 지인 본인 상 부고 문자를 먼저 받은 수많은 사람들에게, 밤늦게 걸려온 전화에 부고 소식을 먼저 떠올리는 사람들에게, 파트너가 있어도 불안해하고 파트너가 없는 것에도 불안해하는 사람들에게 이 책이 어떻게든 길을 찾아가고 있는 중이라는 것을 느낄 수 있게 해주기를, 또 다른 퀴어한 돌봄의 한 조각이 되기를 바란다.

* 본 단행본은 2022년 아름다운재단 변화의 시나리오 스폰서 지원사업을 통해 작성된 「가족질서 밖 소수자의 장례와 애도를 위한 사례보고서」와 「가족질서 밖 소수자의 애도의 정치: 퀴어의 삶과 죽음을 둘러싼 관계성을 중심으로」(『한국여성학』 39권 3호, 2023)에 기반하고 있습니다.

참고자료

연구보고서/논문

김순남·성정숙·김소형·이종걸·류민희·장서연, 「서울시 사회적 가족의 지위 보장 및 지원방안 연구」, 서울특별시의회, 2019.

김현경·나영정·이유나·장서연, 「2019 이슈 발굴 및 논의를 위한 N개의 공론장 '법이 호명하는 가족의 의미와 한계' 연구보고서」, 서울특별시 청년허브 N개의 공론장, 2019.

나영정·김지혜·류민희·이승현·장서연·정현희·조혜인·한가람, 「한국 LGBTI 커뮤니티 사회적 욕구조사 주요결과」, 한국게이인권운동단체 친구사이, 2014.

박진옥, 「비혈연 관계 지인의 서울시 무연고 사망자 공영장례 경험에 관한 연구」, 서울시립대학교 사회복지학 박사학위논문, 2022.

서보경, 「가운뎃점으로 삶과 죽음이 뭉쳐질 때: HIV 감염의 만성질환화와 삶·죽음의 퀴어성」, 『경제와 사회』 129호, 2021.

송효진, 「한국 장례에 대한 국민인식조사 및 성평등한 장례문화 모색」, 한국여성정책연구원, 2020.

윤 가브리엘(HIV/AIDS인권연대 나누리+),「HIV/AIDS감염인에게 HIV/AIDS감염인에게 의료결정권 위임자는 절실히 필요하다」,『소수자의 가족구성권을 위한 〈의료결정권〉 워크숍』, 2012.

이서진,「게이 남성의 장소 형성-종로구 낙원동을 사례로」,『지리학논총』제49호, 2006.

이소윤,「한국사회 무연고사망자의 상주되기와 장례실천을 둘러싼 가족정치」, 이화여자대학교 대학원 석사학위논문, 2022.

임규철,「무연고 사망자 시신 처리에 대한 비판적 소고-자기결정권에서 바라본「장사 등에 관한 법률」을 중심으로」,『비교법연구』제20권 3호, 2020.

임장혁·오세원,「장례에 있어서 부정과 공동체의 대응-충청남도 사례를 중심으로」,『남도민속연구』제19호, 2009, 219-246쪽.

정성조·김보미·심기용·한성진,「"나 같은 사람이 혼자가 아니구나"-〈2021년 청년 성소수자 사회적 욕구 및 실태 조사〉 결과보고서」, 다움, 2022.

한국HIV/AIDS감염인연합회 KNP+,「HIV감염인 나이듦-돌봄욕구 모니터링 조사 결과」, 2021.

Radomska, M., Mehrabi, T., Lykke, N., "Queer Death Studies: Death, Dying and Mourning from a queerfeminist perspective", *Australian Feminist Studies*, Vol 35(104), 2020.

Horim, Y., Hyemin, L., Jooyoung, P., Bokyoung, C., Seung-Sup, K., Health disparities between lesbian, gay, and bisexual adults and the general population in South Korea:Rainbow Connection Project I, *Epidemiology and Health*, Vol 39, 2017.

Pavithra Prasad, In a Minor Key: Queer Kinship in Times of Grief, *QED: A Journal in GLBTQ Worldmaking*, Vol 7, Number 1, 2020.

단행본/잡지

고선규,『여섯 밤의 애도』, 한겨레출판, 2021.

고타니 미도리, 현대일본사회연구회 역,『죽음과 장례의 의미를 묻는다』, 한울, 2019.

권미란,「요양병원이 종착지가 된 에이즈 환자들」,『시설사회』, 와온, 2020.

김민석,「우리의 마지막은 존엄할 수 있을까?」,『월간 복지동향』제296호, 참여연대, 2023.

김순남,『가족을 구성할 권리』. 오월의봄, 2022.

나영정,「퀴어한 시민권을 향해」,『창작과 비평』173호, 2016.

나영정,「"행복이 들어갑니다?"—쾌락과 돌봄을 다시 발명하기」, 『문학동네』 113호, 2022.

더글러스 크림프, 김수연 역, 『애도와 투쟁』, 현실문화, 2021.

비비아나 A. 젤라이저, 숙명여자대학교 아시아여성연구소 역, 『친밀성의 거래』, 에코리브르, 2008.

양준석, 『코로나를 애도하다』, 솔트앤씨드, 2022.

윤 가브리엘, 『하늘을 듣는다: 한 에이즈인권활동가의 삶과 노래』, 사람생각, 2010.

이연숙, 「「퀴어-페미니스트의 '돌봄' 실천 가이드」를 위한 예비적 연구」, 『문학동네』 111호, 2022.

이정식, 『시선으로 사람을 죽일 수 있다면: 김무명들이 남긴 생의 흔적』, 글항아리, 2021.

정창조, 『유언을 만난 세계』, 오월의봄, 2021.

주디스 버틀러, 양효실 역, 『불확실한 삶: 애도와 폭력의 권력들』, 경성대학교 출판부, 2008.

지니 게인스버그, 허원 역, 『성소수자 지지자를 위한 동료 시민 안내서』, 현암사, 2022.

케이틀린 도티, 임희근 역, 『좋은 시체가 되고 싶어』, 반비, 2020.

푸하, 「퀴어 파트너의 장례절차」, 『퀴어페미니스트 매거진 펢』, 2021.

Katherine Cox, *Death, dying, and social differences : Sexual identitygender and sexual orientation*, Oxford University Press, 2004.

자료집

2022홈리스추모제 추모팀, 「〈애도할 권리, 애도받을 권리, 가족대신 장례-시민사회단체워크숍〉 자료집」, 2022.

「"경조휴가 및 경조비 지급 시 외가제외는 차별"-인권위, 해당 기업 및 경제5단체 등에 관행 개선 의견 표명」, 국가인권위원회 2013.

「2020년 장사업무안내」, 보건복지부, 2020.

「2022년 장사업무안내」, 보건복지부, 2022.

심기용, "성소수자 청년의 돌봄", 〈[돌봄민주주의X페미니즘] 연속기획포럼 "청년 돌봄, 더 잘 돌볼 권리를 찾아서"〉, 젠더정치연구소 여.세.연, 2021.

양희철, 「무연고사망자 등의 사후자기결정권: 한일비교 및 입법·정책 방안연구」, 화우공익재단, 2019.

「다양한 가족에 대한 국민인식조사」, 여성가족부, 2021.

「2021년 혼인·이혼 통계」, 통계청, 2022.

기사

강은, "언니가 원하는 장례식을 위해선 여자도 상주가 될 수 있어야 했다", 〈경향신문〉, 2021.12.23.

곽이경, "누가 열아홉살 동성애자를 죽였나", 〈오마이뉴스〉,

2012.04.25.

그루잠, "볼모로 잡힌 무연고 사망자의 시신", 〈프레시안〉, 2021.12.05.

김세훈, ""20년 함께 살았어도 사망진단서 발급 못 받아"… '법적 가족' 테두리 밖, 너무 먼 애도할 권리", 〈경향신문〉, 2022.12.22.

김민주, "외할머니가 돌아가셔도 휴가 없다는 '대기업'", 〈시사저널〉, 2019.02.13.

김여란, "경조 유급휴가 '외가 차별'하는 대기업들", 〈경향신문〉, 2013.07.25.

박돈규, "3일장은커녕 3시간 만에 화장…염장이가 본 코로나 죽음", 〈조선일보〉, 2020.12.19.

박소영, "10대 성소수자를 위한 안전한 쉼터, 육우당의 선물이죠", 〈한국일보〉, 2017.04.27.

박진옥, "코로나19가 무연고사망자를 증가시켰을까?", 〈오마이뉴스〉, 2022.05.11.

박진옥, "사실혼 관계 배우자는 장례를 치를 수 없나요?", 〈오마이뉴스〉, 2022.06.02.

심윤지, "죽어서도 차별받는 이들, 이주노동자…아무도 이들의 죽음에 책임지지 않았다", 〈경향신문〉, 2019.10.03.

양대규, "강동구, 올해 '존엄한 죽음'…인식부터 지자체 책임", 〈시정일보〉, 2024.03.18.

이상무, "장례비 1000만원… 돈 없어 동생 주검 포기합니다",

〈한국일보〉, 2017.08.24.

정현정, ""결혼식은 신랑 먼저 입장"…가정의례법 폐지안 2년째 계류", 〈서울경제〉, 2022.06.13.

친구사이, "HIV 감염인 故 오준수님이 남긴 흔적과 흔적-없음", 〈허프포스트코리아〉, 2018.12.20.

캔디, "예상치 못했던 파트너 돌봄이 나에게 왔다", 〈일다〉, 2022.06.10.

홈리스추모제, "20년 함께 산 아내를 무연고사망자로 보낸 까닭", 〈오마이뉴스〉, 2018.12.10.

"Lesbians Sue When Partners Die Alone", ABC News, 2009.05.20.

인터넷 사이트

"[나눔통계이야기] 나눔과나눔이 배웅한 11월의 서울시 무연고사망자의 삶", 〈나눔과 나눔〉, http://goodnanum.or.kr/?p=7220

"[공지사항] 2020 재회의 밤", 〈친구사이〉, www.chingusai.net/xe/notice/609145

"[기획] 〈친구사이 20년史 톺아보기 #01〉 - 성소수자 인권운동, 문을 열다", 〈친구사이〉, https://chingusai.net/xe/newsletter/397988

"[기획] 〈친구사이 20년史 톺아보기 #04〉 이사의 역사 - 친구사이 사무실 변천사", 〈친구사이〉, https://chingusai.net/xe/newsletter/410456

"[활동스케치 #2] HIV/AIDS 감염인의 벗 고명은 미리암 수녀님 선종", 〈친구사이〉, https://chingusai.net/xe/newsletter/595546

"평생의례-상례", 〈진천향토문화백과〉, https://jincheon.grandculture.net/jincheon/toc/GC02701342?search=H2/1

"[공지사항] 2022 재회의 밤", 〈친구사이〉, https://chingusai.net/xe/notice/621319

"활동 원칙과 방향", 〈행동하는성소수자인권연대〉, https://lgbtpride.or.kr/xe/vision3

"무지개 텃밭, 동인련 사무실을 위해 작은 씨앗 하나 심자", 〈행성인 웹진〉, https://lgbtpride.tistory.com/447

"[행성인 이사 기금 마련] 무지개 텃밭 반딧불이가 되어주세요!", 〈행동하는성소수자인권연대〉, https://lgbtpride.or.kr/xe/notice/1934923

"[알림] 故 오세인, 육우당 추모제", 〈행동하는성소수자인권연대〉, https://lgbtpride.or.kr/xe/notice/1414

"[공지사항] 홈페이지와 사무실을 당분간 폐쇄합니다", 〈행동하는성소수자인권연대〉, https://lgbtpride.or.kr/xe/notice/1283

"육우당, 오세인. 그들과 함께였던 날", 〈행성인 웹진〉,

https://lgbtpride.tistory.com/110

"추모하며"(게시판 소개글에서 발췌), 〈행동하는성소수자인권연대〉, https://lgbtpride.or.kr/xe/memory

"[공지사항] 청소년 성소수자 故 육우당 13주기_혐오와 차별에 희생된 성소수자들을 기억하는 추모행동", 〈행동하는성소수자인권연대〉, https://lgbtpride.or.kr/xe/notice/70243

"故 육우당 3주기 추모행사(추모집,추모의밤)를 위한 기획회의 제안", 〈행동하는성소수자인권연대〉, https://lgbtpride.or.kr/xe/notice/1581

"[공지사항] 청소년 성소수자 기독인 고 육우당 11주기 혐오에 희생된 성소수자를 기억하는 추모 기도회", 〈행동하는성소수자인권연대〉, https://lgbtpride.or.kr/xe/notice/62223

"[인권활동119] 성소수자 추모의 공간 KISS & CRY", 〈인권재단 사람〉, https://saramfoundation.org/articles/706167485

https://www.thegazette.co.uk/all-notices/content/100635

"Beststtungsvorsorage", https://www.roga-pietaet.de/downloads/

https://www.pflege-durch-angehoerige.de/vorsorge/bestattungsvollmacht-bestattungsverfuegung/

https://www.hrc.org/resources/hospital-visitation-guide-for-lgbt-families

"Goodbye, Black: The Color-Coordinated Memorial Service Attire", 〈SevenPonds〉, https://blog.sevenponds.com/practical-tips/goodbye-black-the-color-coordinated-memorial

퀴어한 장례와 애도

초판 1쇄 발행 2025년 8월 18일

지은이 김순남 · 김현경 · 나영정 · 이유나
펴낸이 강수걸
편집 이혜정 강나래 오해은 이선화 이소영 유정의 한수예
디자인 권문경 조은비
펴낸곳 산지니
등록 2005년 2월 7일 제333-3370000251002005000001호
주소 부산시 해운대구 수영강변대로 140 BCC 626호
전화 051-504-7070 | 팩스 051-507-7543
홈페이지 www.sanzinibook.com
전자우편 sanzini@sanzinibook.com
블로그 sanzinibook.tistory.com

ISBN 979-11-6861-488-8 03330

* 책값은 뒤표지에 있습니다.
* 잘못된 책은 구입하신 곳에서 교환해드립니다.

〈퀴어한 장례와 애도〉 독자 북펀드에 참여해주신 분들께 감사드립니다.

alex	김영란	롤라
MAZE	김영선	리시올/플레이타임
Ryan	김영은	림보책방
WCamille	김유경	마민지
강나위(차가운 새벽)	김유림	먼산
강도희	김이름	문란주
강민정	김지선	문탁
강아영	김지원	박도담
강우솔	김지혜(1)	박선우
강유가람	김지혜(2)	박정현
고레	김채운	박준하
고스란히	김필순	박혜연
권지원	김한민선	밤눈
금개	김현	백수영
김경민	김효빈	빵수
김누리	나루	사회복지연구소 물결
김도연	남선미	산호
김동학	남충진	선우비
김라해	남하님	선우선인
김민식	낮에뜬별	손원영
김민조	너울	손이현
김상애	누리	송섬별
김성은	달	송희효린
김수산나	독서공동체 들불	수짱이
김승대	라스	수하진

신영채	이연지	조영주사쁘나
신윤호	이임혜경	주연
심아정	이자영	지민
양영선	이정민(1)	지병수
어디에나	이정민(2)	진
얼룩고양이	이지원	진경
연	이한빛	진홍
오은교	이한솔	채현석
오준영	이해령	천세민
오혜민	이혜민	철민쮸니쀼
오혜진	이홍	초
요지경	이화여대 학소위	초롱
유기훈	인아영	최보근
유심청	일렁	퀴어디플로머시서정현
윤한솔	임지영	탁수
이가희	자캐오	토리
이규원	잘가	페미씨어터
이다연	장지해	플럼킴
이명훈	전은재	한문희
이상은	접촉면	호수
이서윤	정이담	홍인택
이수진	정채원	화정
이슬기	정효선	황시연
이신율	정희정	황정은
이심지	제제